CW00494878

Michaela König

Illustriert von Elisabeth Pledl

Komm, lass uns Wunder pflücken

Philippes Reise in sein inneres Zauberland

www.michaelakoenig.at

ISBN: 9798353318774

Komm mit Philippe auf die Reise in dein inneres Zauberland, in dem alles möglich ist und tauche mit ihm ein in die Magie deiner Seele und die Wunder des Universums.

Erinnere auch du dich, dass du perfekt bist, so wie du bist, lass dir von Philippe und Ariella zeigen, dass Wunder auch für dich immer möglich sind.

Inhalt

Philippe

Philippe sitzt auf der Terrasse vor seinem Haus und sieht den Nachbarskindern beim Spielen zu. Sie spielen Ball, lachen und laufen um die Wette. Die Sonne scheint und er hört seine Mama im Haus reden. Er sitzt oft alleine auf der Terrasse. Einmal hatten ihn die Kinder mitspielen lassen, aber Philippe konnte weder gut laufen, noch den Ball fangen. Da wurden die anderen Kinder wütend und sagten schlimme Dinge zu ihm. Dabei ist Philippe so glücklich bei den anderen Kindern. Denn wenn die anderen Kinder lachen, muss er auch lachen und sein Herz wird ganz warm. Er lacht so gerne.

Dabei fällt ihm ein, dass seine Mama selten lacht. Er seufzt. Denn auch wenn er nicht so ist wie die anderen Kinder, nicht so gut laufen, den Ball fangen oder lesen lernen kann wie andere Jungs in seinem Alter, spürt er doch so viel. Er fühlt, dass seine Mama wegen ihm nicht lacht. Er spürt ihre Blicke, wenn er wieder einmal etwas nicht gut kann, oder länger braucht für eine, wie sie oft sagt „einfache Sache". Dabei bemüht er sich so sehr, die Dinge so zu tun, wie die anderen auch. Er wünscht sich nichts sehnlicher, als dass seine Mama auf ihn stolz ist – noch mehr als den Ball

fangen zu können. Dass sie ihn in den Arm nimmt und sagt, dass sie ihn lieb hat.
Gestern hat er für Sie Blumen gepflückt - blaue Blumen. Er liebt blaue Blumen über alles. Eigentlich liebt er alle Blumen, aber blaue, die mag er besonders. Er hat sich richtig Mühe gegeben bis er so viele Blumen hatte, dass diese kaum mehr in seine Hand passten.
Er hat sehr lange dafür gebraucht, einige Blumen ließen schon die Köpfe hängen, aber Philippe fand sie trotzdem wunderschön. Wenn Mama ihm eine Vase gibt und sie den Strauß gemeinsam ins Wasser stellen, würde es ihnen bestimmt bald besser gehen, dachte er. Voller Stolz ging Philippe mit den Blumen ins Haus, lächelte Mama an und sagte: „Schau, Mama, ich habe dir Blumen gepflückt!“ Sie sah den Strauß an und da war wieder dieser Blick in ihren Augen. Sofort fühlte er es, er hatte wieder einmal etwas falsch gemacht. „Die Blumen sind welk und außerdem mag ich keine blauen Blumen!“, sagte sie wütend. Sie nahm die Blumen und warf sie in den Mülleimer.

Philippe zerbrach das Herz - die schönen Blumen. Sie würden doch sterben ohne Wasser. Aber er verstand noch weniger, was er falsch gemacht hatte und warum Mama ihn so ansah. Ob sie wusste, dass er es fühlt? Warum spricht sie nicht mit ihm, sodass er es verstehen kann? Er wurde schrecklich traurig und weinte. Und traurig fühlt er sich heute auch noch als er wieder alleine auf der Terrasse sitzt.

Er versteht Mama nicht. Er versteht die Menschen um sich herum nicht. Dabei ist die Welt doch so schön, mit all den Blumen, die hier wachsen. Und wenn er lacht, dann spürt er immer, dass sein Herz warm wird. Deshalb lacht er so gerne. Im Grunde mag Philippe die Menschen, aber sie sind immer so ernst und wenn sie lachen, spürt er oft, dass nicht ihr Herz lacht. Das alles verwirrt ihn. Dabei wäre es doch so einfach. Warum sehen die Menschen nicht einfach blaue Blumen an? Die machen das Herz warm und man lacht dann von selbst. Ist das denn so schwer?

Philippes Reise ins Zauberland beginnt

Philippe sieht zu den Wolken hoch. Die Sonne blendet ihn. Er schließt seine Augen für einen kurzen Augenblick. Plötzlich spürt er, dass sich jemand neben ihn setzt. Er ist verwundert, denn er hat niemanden kommen hören und seine Mama hat auch nichts von einem Besuch erwähnt. Als er wieder klar sehen kann, bemerkt er, dass sich eine Frau neben ihn gesetzt hat. Er kennt sie nicht, aber irgendwie kommt sie ihm bekannt vor. Nein, er fühlt es eher, dass er sie kennt. Sie hat braune, schulterlange Haare, ist eher klein und sie trägt ein blaues Kleid mit Blumen darauf. Philippe ist begeistert von diesem Kleid. Sie mag wohl auch Blumen. Aber es ist etwas Anderes was ihn an ihr fesselt. Es ist ihr Duft. Sie riecht so besonders. Der Junge kann nicht sagen wonach sie so duftet. Er sieht in ihr Gesicht, sie lächelt ihn an und sagt nur: „Hallo Philippe!“

Ihre Stimme ist weich und er hört ihr gespannt zu, als sie zu reden beginnt.

„Die Welt ist kompliziert, nicht wahr? Die Menschen tragen Masken um ihre Herzen und lachen so selten“. Philippe starrt sie mit offenem Mund an. „Und weißt du, was mich am meisten

verwirrt an ihnen? Sie haben es immer so eilig und sehen all die schönen Dinge nicht um sich herum. Die Blumen, die Wolken, nicht einmal die Bäume sehen sie. Manchmal glaube ich, sie sehen gar nichts wirklich." „Aber wieso sind all die wunderschönen Dinge denn da, wenn sie diese nicht sehen?", fragt Philippe verwundert. „Sie haben es verlernt, zu sehen und zu lachen!" Sie schaut Philippe dabei lachend in sein Gesicht und sagt: „Du nicht Philippe! Du siehst wirklich und du lachst. Du trägst keine Masken um dein Herz. Und weißt du was? Das ist wunderbar so, denn du kannst sehen, was die meisten Menschen vergessen haben!", meint die Frau.
Er sieht sie fragend an, während sie laut auflacht und sagt: „Du kannst das Zauberland in dir und all den Menschen sehen. Und du hast eine wichtige Aufgabe auf dieser Welt." Etwas ernster sagt sie: „Es ist so wichtig, dass du auf der Erde bist. Genauso wie du bist, bist du perfekt. Du hast eine große und wichtige Aufgabe für viele Menschen." Im Sonnenschein glitzert ihr Kleid.-Philippe wird etwas schwindlig, aber er kann den Blick nicht von ihr abwenden. Wer ist sie? In einem Buch hat er einmal einen Engel gesehen, aber der hat ein weißes Kleid getragen. Sie hat ein blaues Kleid an.

Philippe fragt sich, ob es wirklich Engel in blauen Kleidern gibt. Sie sieht ihn mit einem Blick und einem Lächeln an, wie er es noch nie bei einem Menschen gesehen hat. Noch nie zuvor hat ihn jemand so angesehen. Er kann den Blick nicht beschreiben, aber wie so oft fühlt er es. Das Gefühl lässt ihn innerlich warm werden. So wie manchmal, wenn Mama ihn in den Arm nimmt und sie in dem Moment keine Maske um ihr Herz trägt.
„Wo ist dieses Zauberland?“, fragt Philippe sie aufgeregt. Sie sieht ihn weiter mit diesem Blick an, tippt mit einem Finger an seine Brust und sagt lächelnd: „In dir, Philippe! Es ist in dir.“ „Und das hat jeder Mensch?“, will er noch wissen. „Ja, diesen Ort trägt jeder Mensch in sich. Kleine Kinder sehen ihn noch, aber je größer und erwachsener sie werden, desto weniger können sie es wahrnehmen. Sie vergessen den Ort in sich. Sperren ihn zu und werfen den Schlüssel weg. Aber dadurch fehlt ihnen ein wichtiger Teil und sie werden oft traurig und so ernst. Jeder Mensch sollte sich wieder an diesen Ort in sich erinnern.“
„Mama auch“, sagt Philippe - „besonders Mama.“
„Du hast diese Gabe, in jedem diesen Ort zu sehen und den Menschen zu helfen, sich an diesen

besonderen Ort zu erinnern“, sagt sie lächelnd.
„Bin ich deshalb so anders, als die anderen Kinder?“ fragt er sie.
„Du bist perfekt so wie du bist und nur so kannst du diese wichtige Aufgabe meistern. Das Universum hat dich genau richtig auf die Erde geschickt“, meint sie lächelnd.
„Was geschieht in meinem Zauberland, wie sieht es dort aus? Gibt es dort Blumen?“, will er alles ganz genau wissen.
„Es gibt so viele Blumen, soweit du sehen kannst!“, lacht die Frau. „Und es ist voller Zauber, Magie und Abenteuer!“
„Soll ich dir zeigen, wie du dort hinkommst? Magst du in dein Zauberland reisen?“, fragt sie ihn.
Und ob er das sehen will.

Ariella bekommt ihren Namen

„Dann lass uns gemeinsam in dein Zauberland gehen“, sagt die Frau.
Philippe nickt eifrig und fragt: „Was muss ich tun? Wo muss ich hingehen?“
„Du musst gar nichts tun, mein Junge“, meint sie lächelnd. „Du musst nur die Augen schließen und ganz ruhig werden. Kannst du das machen Philippe, kannst du ganz ruhig atmen und still werden?“
Etwas aufgeregt schließt er seine Augen und dabei fällt ihm ein, dass er nicht einmal ihren Namen kennt und weiß woher sie kommt. Egal, er wird sie später fragen. Er versucht ganz ruhig zu atmen und still zu sitzen. Es fällt ihm vor Aufregung schwerer als gedacht. In ihm kommt das Gefühl hoch, dass immer kommt, wenn er glaubt, etwas nicht gut genug zu machen. Es wird dann in seinem Hals so eng und er bekommt schwerer Luft. Aber die Frau muss es fühlen, wie es ihm geht, denn sie fängt ganz sanft an zu sprechen: „Alles ist gut Philippe, du machst das super. Du brauchst keine Angst zu haben und du musst nichts tun. Denk an etwas Schönes und fühle es. Das fällt Philippe nicht schwer, er denkt an blaue Blumen, an eine ganze

Wiese voller blauer Blumen und daran, wie es dort wohl riechen würde. Philippe ist ganz ruhig und still dabei und meint: „Der Druck im Hals ist wie weggeblasen." „Gut!", sagt sie, „Ach, du machst das wunderbar Philippe. Kannst du dir jetzt vorstellen, dass du an einer Treppe stehst, deren Stufen nach unten führen? Und habe keine Angst ich nehme dich an deiner Hand. Ich komme mit dir und helfe dir, die Stufen sicher hinunterzugehen." Wie von Zauberhand entsteht vor Philippes Augen eine Treppe.

Sie geht tief hinunter, aber er hat keine Angst. Auch die Frau ist bei ihm, lächelt ihn an und nimmt seine Hand. Als ob sie seine Frage ahnen würde, sagt sie: „Die Treppe führt dich in dein Zauberland, in dich, in deinen Körper." Langsam gehen sie los - immer tiefer. Philippe wird ganz ruhig und entspannt. Mit jeder Stufe, die sie langsam Hand in Hand hinuntergehen, wird er ruhiger. Er weiß nicht, wie lange sie die Treppe schon hinuntergehen, er spürt aber, dass sie bald zu Ende ist, dass sie gemeinsam irgendwo ankommen. „Du machst das wunderbar!" sagt seine Begleiterin. „Bald wirst du merken, dass du angekommen bist."

„Ja!", sagt Philippe leise. „Ich bin da."

„Und wie ist es hier?“, fragt sie Ihn. „Ich kann nichts sehen“, meint Philippe. „Was fühlst du?“, fragt sie ihn. Das fällt ihm nicht schwer, er weiß sofort wie er sich dort fühlt. „Ich fühle mich gut! Es ist schön warm hier.“
„Ich verrate dir jetzt ein Geheimnis,“ flüstert sie. „Du kannst hier auch alles sehen, du hast auch Augen in dir, die du öffnen kannst. Magst du es versuchen? Stell dir einfach vor, dass du jetzt dort, wo du bist, deine Augen aufmachen kannst, es geht ganz leicht, du wirst es sehen.“ Diesmal hat er keine Angst, etwas falsch zu machen. Ihre Stimme ist so sanft und liebevoll.
Er spürt, dass alles gut ist. Ihre Stimme macht ihm Mut, es zu versuchen. Er stellt sich vor, dass er an diesem warmen Ort in seinem Körper die Augen öffnet. Zuerst ganz zögerlich, denn irgendetwas blendet ihn. „Alles ok!“, hört er sie fragen. „Nur Mut, du brauchst keine Angst zu haben.“ Und dann macht er seine Augen auf. Was er sieht macht ihn sprachlos. Niemals hätte er es sich ausdenken oder vorstellen können, was er hier sieht. In keinem Buch in der Schule hat er je so etwas Wunderschönes gesehen. „Sieh genauer hin Philippe! Was kannst du wahrnehmen?“, flüstert sie. Seine Augen haben sich in der Zwischenzeit an

das Licht hier gewöhnt und er kann klarer sehen. Er kann alles sehen.
Er sieht blaue Blumen soweit seine Augen reichen. Er sieht die Wiese auf der sie stehen. Und er sieht Bäume, mächtig und wunderschön. Einige haben Äpfel, die schon reif sind. Er isst so gerne Äpfel. Über ihm wärmt die Sonne sein Gesicht, Vögel zwitschern schöne Lieder - als würden sie ihn willkommen heißen. „Wollen wir ein Stück gemeinsam gehen?", fragt sie ihn. Erst da spürt er, dass er hier barfuß ist. Er fühlt das weiche Gras unter sich. Sie gehen los, Schritt für Schritt. Er hält ihre Hand fest in seiner. Und er staunt mit offenen Augen und Mund. Blumen - überall Blumen.
Er entdeckt nicht nur blaue, er sieht nun auch andere Farben. Rote, gelbe, weiße, lila und rosa - in allen Farben sieht er Blumen. „Wie fühlst du dich?", fragt ihn die Frau. Er kann es nicht beschreiben, er hat keine Worte für all das hier. Er merkt, dass er auf einmal weint. Tränen fließen über seine Wangen. Er weint nicht, weil er traurig ist, er weint, weil er keine Worte hat für dieses unglaubliche Gefühl. Und er weint, damit sein Herz nicht zerspringen muss aufgrund der großen Wärme. Philippe ist glücklich. Er weint zum ersten Mal in seinem Leben vor Glück. Schluchzend sieht

er zu ihr hoch und auch ihr laufen Tränen über das Gesicht und sie lächelt. „Ich weiß, Philippe, ich weiß." Sie beugt sich zu ihm hinunter und flüstert ihm ins Ohr: „Lauf, mein Junge, lauf!"
„Ich kann nicht laufen", schluchzt er.
„Doch du kannst!" sagt sie und blickt ihm tief in die Augen.
Philippe lässt ihre Hand los und läuft. Er läuft so schnell, wie ihn seine kleinen Füße tragen können. Er breitet seine Arme aus, welche beim Laufen die Blumen berühren. Er dreht sich zu ihr um, sie winkt ihm zu, lacht und weint zugleich und ruft ihm immer wieder zu: „Lauf, mein Junge, lauf!"
„Wie heißt du? Und wer bist du?", ruft er ihr fragend zu.
„Gib du mir einen Namen, Philippe", ruft sie zurück.
„Ariella, du heißt Ariella!"
„Das ist ein wunderschöner Name, danke", hört er sie flüstern.
Er rennt und rennt und fühlt sich dabei frei, unendlich frei. Er lässt sich in die weiche Wiese fallen und lacht. Ariella legt sich zu ihm und lächelt ihn an. „Na, wie gefällt dir dein Zauberland?"
„Es ist wunderschön hier, so schön. Kann ich nicht für immer mit dir hierbleiben?"

„Du kannst immer hierher zurück, denn es ist in dir. Du brauchst nur die Augen zu schließen und die Treppe hinunter in deine Wiese zu gehen. Du kannst hier alles machen, so viel erleben." „Was denn alles?" fragt er. „Du kannst zaubern! Nichts ist hier unmöglich und du kannst überall in deinem Körper hinreisen".
„Zaubern kann ich hier?", fragt er erstaunt. „Ja, aber dafür brauchst du etwas", sagt sie lächelnd. Erst jetzt sieht er, dass sie etwas in der Hand hält. Es ist ein Zauberstab, so einen wie er schon einmal in einem Buch über Zauberer gesehen hat. Aber der hier war viel cooler. Er glitzert so schön in allen Farben. Sie gibt ihm den Zauberstab mit den Worten: „Ab heute ist es deiner, Philippe. Probiere, was du mit ihm machen kannst. Bewege ihn einmal." Philippe schwenkt ihn in der Luft und aus dem Zauberstab regnet es einen Regenbogen. Er kitzelt ihn an der Nase und er muss lachen. „Du wirst ihn noch besser kennenlernen und erfahren, was du alles mit ihm machen kannst", sagt Ariella. Philippe lässt weiter Regenbögen regnen und sich an der Nase kitzeln.
„Deine Aufgabe wartet auf dich da draußen in der Welt, aber du wirst das hier nie mehr verlieren. Ich verspreche es dir. Jetzt lass uns wieder

zurückgehen, es ist an der Zeit."
Philippe ist etwas traurig darüber. So gerne würde er noch hierbleiben. Der Junge steht auf und bemerkt, dass vor ihnen wieder die Treppe erscheint. Schnell legt er seinen Zauberstab an die unterste Stufe der Treppe, damit er ihn sofort wieder findet beim nächsten Besuch auf seiner Wiese. Langsam gehen sie die Treppe gemeinsam nach oben und er kann wieder die Umgebung in seinem Zuhause wahrnehmen.
Er hört die Kinder noch immer spielen, hört Autos auf der Straße fahren. Als sie ganz oben ankommen, öffnet er seine Augen. Er seufzt: „Ich vermisse die Wiese jetzt schon!"
„Sei nicht traurig, ich verrate dir noch ein Geheimnis!", sagt Ariella. „Was ist es denn?", fragt er sie. „Mach noch einmal die Augen zu!", fordert sie ihn auf. Als er sie schließt sagt sie: „Denk daran, als du gelaufen bist auf deiner Wiese. Wie hast du dich gefühlt?" Plötzlich fühlt er es wieder. Diese Freude und diese Freiheit in ihm. Am ganzen Körper fühlt er es. „Siehst du Philippe, du kannst Gefühle von deiner Wiese mitnehmen und auch hier fühlen", sagt sie lächelnd. „Kommst du mich wieder einmal besuchen und gehst mit mir auf meine Wiese?", fragt er sie voller Sorge. Er hat

Angst, dass alles nur ein Traum ist und er einfach nur eingeschlafen ist und von ihr und seiner Wiese nur geträumt hat.

„Ja, ich komme wieder. Ich helfe dir, alles zu verstehen und dein Zauberland weiter zu erforschen. Hab keine Angst Philippe, du verlierst auch mich nicht."

Er hört seine Mama die Tür öffnen, während sie nach ihm ruft. Langsam steht er auf und geht auf sie zu. Nach ein paar Schritten dreht er sich um und winkt Ariella zum Abschied. Sie winkt lächelnd zurück.

„Wem winkst du da?", fragt seine Mutter.

„Einem Engel Mama, einem Engel."

Sie schüttelt nur den Kopf und sagt: „Komm jetzt. Es gibt keine Engel!"

„Bald Mama wirst auch du sie wieder sehen können", denkt er sich und lächelt.

Blaue Blumen

Später am Abend sitzt Philippe mit seiner Mutter am Tisch, um zu Essen. Es gibt lecker schmeckende Suppe, doch er tut sich schwer, sie ohne zu verschütten zu essen. Den Löffel immer ruhig zu halten, erfordert viel Konzentration von ihm. Normalerweise braucht er lange dafür und die Suppe wird meistens schon kalt bevor er fertig ist. Und dann schimpft Mama oder schaut ihn wieder mit diesem einen Blick an, der ihm den Hals zuschnüren lässt.

Aber heute ist irgendetwas anders. Er ist anders. Er denkt gar nicht an den Löffel, der nicht ruhig in seiner Hand liegen will. Irgendwie leuchtet er, und wenn er genauer hinsieht glitzert sogar in der Suppe ein Funke, der wie ein Regenbogen aussieht. Er hebt den Blick und sieht seine Mama an, auch sie glitzert leicht. In ihren Haaren leuchtet ein kleiner blauer Funke auf, und ihr Löffel glitzert silbrig. Er lächelt. Ariella hatte recht. Er kann es sehen. Auch wenn er nicht im Zauberland ist. Das macht sein Herz wieder so schön warm und er muss lachen.

Sonst schimpft Mama immer, wenn er beim Essen lacht. Denn da verschüttet er mit Sicherheit etwas.

Aber heute sieht sie ihn nur an und sagt: „Bist du mit der Suppe fertig?“ Philippe sieht in seinen Teller und kommt aus dem Staunen nicht mehr heraus. Er hat fertig gegessen und alles um ihn ist sauber geblieben. Mama räumt die Teller ab und meint: „Geh jetzt ins Bett. Gute Nacht, ich habe noch zu tun.“

Als er in seinem Bett liegt, denkt er über alles nach, was heute geschehen ist. Er denkt an das Zauberland in ihm, an Ariella, an seinen Zauberstab und vor allem denkt er daran, wie er gelaufen ist. Es fühlt sich so unbeschreiblich frei an, so leicht. Und all die Blumen, diese wunderbaren Blumen auf der Wiese. Mit diesem Gefühl und der Freude, Ariella bald wiederzusehen, schläft er lächelnd ein.

Seine Mama kommt später noch in das Zimmer des Jungen, um das Licht auszuschalten. Normal dreht sie sich gleich wieder um, aber heute bleibt ihr Blick im Gesicht von Philippe hängen. Sie sieht ihn an und spürt einen leichten Stich in ihrem Herzen. Er sieht so glücklich aus im Schlaf, so weich und zart. Sie streicht ihm sanft übers Haar. Wie lange hat sie ihn schon nicht mehr gestreichelt? Plötzlich war ihr, als wenn ein blauer Funke in seinen Haaren aufleuchtet. Sie schüttelt den Kopf und geht zur Tür, dreht sich aber noch einmal zu ihm um und spürt wieder einen Stich in ihrer Brust.

War sie jemals so glücklich gewesen in ihrem Leben, so wie ihr Kind es wohl gerade ist? Dieses Kind, das ihr so viel Kummer und Sorgen bereitet, das nie so sein würde wie andere und immer auf ihre Hilfe angewiesen sein würde, war einfach nur glücklich. Sie wischt sich eine Träne vom Gesicht, schaltet das Licht aus und geht in die Küche um den Abwasch zu machen.

Warten auf Ariella

Am nächsten Tag kann Philippe es gar nicht erwarten, nach Hause zu kommen. So sehr hofft er, heute Ariella wieder zu sehen.
Die Schule, in die er geht, ist eine für spezielle Kinder. Manchmal, wenn die Nachbarskinder ihn ärgern wollen, sagen sie Sonderschule oder Behindertenschule dazu. Philippe lacht dann immer mit ihnen mit, so wie er immer lachen muss, wenn jemand lacht.
Er spürt aber immer öfter den Unterschied zwischen einem schönen Lachen und dem Lachen mit einer Maske am Herzen. Und dieses Lachen der Kinder war nicht schön. Seine Lehrerin, die kann schön lachen. Das tut ihm immer so gut. Früher hat Mama auch öfter so schön gelacht mit ihm. Aber seit Papa weg ist, wurde es immer seltener.
Der Junge kann sich kaum noch an ihn erinnern. Er weiß noch, dass er die gleichen schwarzen Haare hat wie er. Mama und er haben sehr viel gestritten. Philippe fühlte sich immer sehr schlecht dabei. Das Gefühl in seinem Hals wurde so eng, dass er kaum Luft bekam. Und dann machte er nachts ins Bett. Papa schimpfte dann immer mit

ihm und sagte, dass er ein Baby wäre. Mama wechselte die Wäsche, badete Philippe und flüsterte ihm ins Ohr, dass alles in Ordnung sei. Eines Tages war Papa dann nicht mehr da. Am Anfang fehlte er ihm, aber Philippe machte danach nie mehr ins Bett.

Nach dem Essen geht er sofort wieder auf die Terrasse, um auf Ariella zu warten. Ob sie wohl kommen würde?

Er bemerkt nicht, dass seine Mama ihn vom Küchenfenster aus beobachtet. Sie seufzt als sie ihn dasitzen sieht, irgendetwas ist anders an ihm. Er scheint noch glücklicher zu sein als er ohnehin schon fast immer ist. Sie weiß, dass er von den anderen Kindern geärgert und als behindert und dumm bezeichnet wird. Wie oft hat sie Nächte lang geweint deswegen.

Wie sehr wünscht sie sich doch auch ein gesundes, normales Kind, das nicht ständig auf Hilfe angewiesen ist und wohl nie ein eigenständiges Leben führen wird und auch keine Familie gründen kann. Sie liebt ihn, aber das Leben mit ihm ist oft anstrengend und mühsam. Sie versucht so gut sie kann ihn zu beschützen, hat mit den Eltern der Nachbarskinder geredet. Seitdem lassen sie ihn in Ruhe - hofft sie wenigstens. Aber was ist, wenn sie

ihn irgendwann nicht mehr beschützen kann - wer ist dann für ihr Kind da?
Diese Frage lässt sie oft nicht einschlafen. In Gedanken versunken sieht sie ihren Sohn an, der nichts von alldem mitbekommt. Er hat keine Sorgen und strahlt immer, wenn er einen anderen Menschen sieht. Und bei Blumen lacht er noch mehr. Er liebt einfach alles und jeden auf dieser Welt. Ein Teil in ihr beneidet ihn dafür - um diese Unbeschwertheit.
Auch heute sieht sie wieder diesen Funken in seinem Haar, er leuchtet kurz blau auf, oder war es Gold? Im selben Augenblick ist er wieder weg und sie hat das Gefühl, dass sie diesen Funken kennt. Nicht nur von gestern und eben gerade. Nein, die Erinnerung ist älter, verblasst in ihr und ist nicht greifbar.
Grübelnd geht sie zur Kaffeemaschine, um sich einen Kaffee zu machen.

Philippe lernt seinen Körperengel kennen

Philippe wartet geduldig auf der Terrasse. Langsam wird er traurig. Vielleicht kommt Ariella doch nicht? Tränen steigen in ihm hoch, da hört er auf einmal ihre Stimme. „Was ist los Philippe, warum bist du traurig?“ Sie sitzt wieder neben ihm, heute hat sie ein rotes Kleid an, mit vielen bunten Schmetterlingen darauf. Wie schön ihr Kleid doch ist. Er sieht in ihr Gesicht, sie lächelt ihn an, hebt ihren Kopf in den Nacken und lacht. „Ist die Sonne heute nicht einfach herrlich?“ Philippe hat sie vor lauter Warten noch gar nicht wahrgenommen und hebt ebenfalls seinen Kopf. „Ja, die Sonne ist sehr angenehm heute und warm.“ Jetzt lächelt auch er. „Was macht dich so traurig mein Junge, dass du die Sonnenstrahlen nicht wahrnimmst?“ Er sieht sie an und sagt: „Ich dachte du kommst nicht mehr“, und leise sagt er, „nie mehr.“

Sie sieht ihn lächelnd an und meint: „Ach Philippe, ich werde immer kommen, ich werde dich nie verlassen.“

„Nie?“ fragt Philippe. „Niemals, das verspreche ich dir!“, sagt sie liebevoll und hebt ihre Hand, um ihr Versprechen zu unterstreichen. Dabei versucht sie

sehr ernst auszusehen, aber ihre Augen lachen. Da wird es ihm wieder warm im Herzen. „Versprichst du mir auch etwas, Philippe?“, fragt sie. Er sieht sie fragend an: „Was soll ich versprechen?“
„Versprich mir, dass du egal was kommt und noch in deinem Leben geschehen wird, du niemals die warmen Sonnenstrahlen und die Blumen vergessen wirst. Kannst du mir das versprechen?“
„Ja, das kann ich“, sagt er und hebt auch seine Hand, um sein Versprechen zu unterstreichen.
„Das ist gut, Philippe! Das ist sehr wichtig, so wichtig.“ Sie sieht ihm tief in seine Augen und fragt lächelnd: „Na, bist du bereit für dein Zauberland? Magst du wieder dorthin?“
„Natürlich will ich dorthin, was für eine Frage.“
„Dann schließe deine Augen und versuche wieder still zu werden. Und keine Angst, du kannst nichts falsch machen“, sagt Ariella zu Philippe.
Er hat keine Angst mehr, er weiß, Ariella ist bei ihm. Und so führt sie ihn wieder Stufe für Stufe die lange Treppe hinunter bis er die Wiese wieder wahrnehmen kann. Auf der letzten Stufe liegt noch sein Zauberstab, er nimmt diesen in seine Hand. Er sieht sich auf seiner Wiese um - in seinem Zauberland. Als wenn sie seine Gedanken lesen könnte, sagt Ariella: „Das ist nur ein Teil von

deinem Zauberland, es ist viel größer als du es jetzt wahrnehmen kannst." Philippe staunt. „Größer als diese Wiese?" Sie gehen ein Stück gemeinsam und er bestaunt die Blumen, die auch heute hier sind. Unendlich viele Blumen soweit das Auge reicht. In allen Farben sieht er sie. Und wie sie duften – herrlich. „Wie fühlst du dich, Philippe?", fragt ihn Ariella. Er kann es wieder nicht in Worte fassen, sein Herz ist so warm, sein ganzer Körper scheint vor Wärme. Er sieht sie an, eine Träne kullert über seine Wange. „Ich bin glücklich!", flüstert er.
„Heute wirst du jemanden sehr wichtigen kennenlernen, Philippe", sagt Ariella. Er sieht sie staunend an: „Es ist noch jemand hier?" Ariella lacht. „Ja es ist noch jemand hier. Alles ist hier, aber das hat Zeit, um es zu verstehen. Heute lernst du deinen Körperengel kennen. Der Engel kennt dich sehr gut, musst du wissen. Er kennt deinen Körper besser als jeder andere. Er wohnt schon sehr lange in dir und er kann sogar sprechen." Philippe kommt aus dem Staunen nicht mehr heraus. In ihm wohnt ein Engel? Der ihn kennt und mit dem er sprechen kann? „Jeder Mensch hat seinen eigenen Körperengel", spricht Ariella weiter. „Nur haben sehr viele Menschen seine

Sprache vergessen. Sie verstehen ihn nicht mehr, glauben und vertrauen ihm nicht." Das ist aber schade", sagt Philippe. „Er ist bestimmt sehr schön dieser Engel."
„Dann bitte deinen Engel zu dir zu kommen." Philippe weiß nicht wie er das machen soll. „Nimm deinen Zauberstab, schwenke ihn in der Luft und bitte deinen Engel zu dir. Dein Zauberstab ist zum Zaubern da, du kannst das, versuche es!", sagt sie lächelnd. Philippe schwenkt den Stab und wieder regnet es einen Regenbogen in allen Farben, er denkt an seinen Körperengel und wie er wohl aussieht.
Plötzlich sieht er ein helles weißes Licht auf ihn zukommen. Es blendet ihn nicht in den Augen, es ist ein warmes und sanftes Licht. Als es näherkommt, erkennt Philippe eine Gestalt. Das muss sein Engel sein. Er kommt immer näher. Philippe erkennt, dass er ganz in weiß gekleidet ist, wie der Engel in seinem Buch, aber dieser hier ist viel schöner, er glitzert und strahlt in allen Farben. „Hallo, Philippe! Ich freue mich so sehr, dich endlich wieder zu sehen.", sagt der Engel sanft. Seine Stimme ist genau so warm und sanft wie die von Ariella. Er kann ihn nur ansehen, er weiß nicht, wie er mit einem Engel sprechen soll. Da hört er

ein Flüstern: „Du kannst ihn fragen, wie es ihm geht.“ Philippe nimmt seinen ganzen Mut zusammen und fragt den Engel, wie es ihm geht. „Darf ich es dir zeigen?“ fragt ihn der Engel. Philippe fühlt sich plötzlich traurig, sein Hals schnürt sich wieder zu. „So fühlst du dich, wenn dich die Kinder ärgern oder Mama mit dir schimpft, nicht wahr?“ Er nickt nur.
Auf einmal fühlt er sich wieder glücklich und sein Herz wird warm. „So fühlst du dich, wenn du blaue Blumen siehst oder?“ „Ja, genauso“, lacht Philippe. „Das bin ich, so fühle ich mich dann in dir. Das ist meine Art mit dir zu sprechen, das ist meine Sprache. Immer wenn du Schmerzen hast, vom langen Laufen, dann spreche ich mit dir. Wenn du müde, hungrig oder durstig bist, spreche ich mit dir.“ Philippe staunt.
Von so einer Sprache hat er noch nie gehört.“ Ich spreche über Schmerzen oder Gefühle mit dir, Philippe. Wenn du Schmerzen hast und keine Pause einlegst, weil du denkst, dass du mit den anderen Kindern mithalten musst, was geschieht dann?“
„Dann tun mir dir Beine noch mehr weh“, sagt Philippe nachdenklich. „Und am Abend kann ich kaum mehr gehen und knicke oft ein.“ „Warum

tust du das, warum machst du keine Pause?“ Seine Stimme ist so sanft und liebevoll, dass er keine Angst hat, etwas Falsches zu sagen. Diese Fragen sind nicht schimpfend gemeint. Philippe muss etwas nachdenken.

„Lass dir Zeit!“, sagt Ariella. „Wollen wir uns alle in die Wiese setzen?“ Alle drei setzen sich in die Wiese. Philippe sitzt in der Mitte und er fühlt sich sehr wohl, so geborgen. So wie wenn Mama ihn ab und zu in den Arm nimmt.

„Ich möchte genauso lange und schnell laufen können wie die anderen Kinder“, beginnt Philippe zu erzählen. „Was macht das in dir, wenn du es nicht kannst?“, fragt ihn der Körperengel. „Ich bekomme Schmerzen und ich werde traurig“, meint er.

„Was meinst du, braucht dein Körper oder ich als dein Körperengel, damit ich dir keine Schmerzen schicken muss?“ Philippe seufzt: „Früher eine Pause machen.“ „Was wäre dann am Abend mit deinen Beinen?“ „Dann würde ich nicht einknicken oder hinfallen und mir noch mehr weh tun“, sagt er. „Du bist sehr weise, Philippe!“, sagt der Engel sanft. „Weißt du, deine Beine sind vielleicht nicht so, wie die der anderen Kinder. Sie sind nicht so stark und so schnell. Und du kannst die Dinge, die andere Kinder leichter und schneller lernen, nicht so gut." „Und Suppe nicht verschütten, Lesen und Rechnen", ergänzt Philippe. „Ja, all diese Dinge." „Sie sagen oft, ich bin behindert und dumm", flüstert er leise. „Dann redest du wieder mit mir oder? Unter Tränen und mit diesem Knoten im Hals?" „Ja, genau". Du bist so schlau, mein Junge". Philippe strahlt von einem Ohr zum anderen. Noch nie hat jemand zu ihm gesagt, dass er schlau ist. „Weißt du, du wirst dir noch öfters wünschen, so zu sein wie die Anderen. Das ist in Ordnung. Auch einmal wütend zu sein darüber, ist auch in Ordnung.

Aber was wäre, wenn du deine Beine mögen würdest, genauso wie sie sind? Wenn du erkennen würdest, dass du ein ganz besonderer Junge bist mit einer sehr wichtigen Aufgabe in diesem Leben. Und dass du, um diese wichtige Aufgabe zu erfüllen, nur in diesem Körper, gemeinsam mit mir, geboren wurdest?" „Ist es eine sehr wichtige Aufgabe?", fragt er. „Enorm wichtig", sagt Ariella feierlich. „Wir haben schon einmal darüber gesprochen. Weißt du noch?"

„Ja, dass ich das Zauberland in jedem Menschen sehen kann", erinnert sich Philippe. „Ja, und dass du den Menschen hilfst, sich an ihr Zauberland zu

erinnern.
Und warum ist das so wichtig?“, frag er. „Weil die Menschen immer mehr vergessen“, seufzt Ariella. „Und dann werden sie traurig und unglücklich in ihrem Leben. Dabei ist das Leben so schön, nicht wahr, Philippe?“ „Ja, voller Blumen und Sonnenschein“, lacht er. „Wäre das nicht schön, wenn sich wieder alle Menschen daran erinnern könnten und die Blumen und die Sonne wieder wahrnehmen würden?“, sagt Ariella.
„Ja, das wäre so schön“, flüstert Philippe. Er muss an seine Mama denken, sie hat wohl ihr Zauberland vergessen, denkt er wehmütig.
„Sie wird sich wieder daran erinnern“, flüstert Ariella. Wie immer weiß sie, was er denkt. „Und du wirst ihr dabei helfen, willst du das machen?“
„Ja!“, sagte er ganz laut. „Das will ich machen! Ich möchte, dass Mama sich daran erinnert und wieder lacht und Blumen sieht.“
„Das freut mich“, sagt Ariella. „Das freut mich unheimlich, ich danke dir.“
Lachend tippt sie an seine Brust und fragt: „Na bist du bereit, mein Zauberland-Erinnerer? Bist du bereit für deine Reise in deine Beine? Damit du siehst, wie sie wirklich aussehen?“
Philippe bleibt vor lauter Staunen der Mund offen.

Er soll in seine Beine reisen? Sein Körperengel lacht hell auf: „Ja, wir zwei können überall in deinen Körper hinreisen. Wohin du willst!"
„Kann Ariella mitkommen?", fragt er. „Aber natürlich und vergiss deinen Zauberstab nicht, den wirst du brauchen!"
„Bist du bereit? Kann es los gehen?", fragt ihn sein Körperengel und sieht ihn liebevoll dabei an.
„Keine Angst, du kannst nichts falsch machen". Er nimmt Ariellas Hand und sagt: „Ich habe keine Angst, ich bin bereit."

Philippe lernt die Goldfunken kennen

Philippe hält seinen Körperengel und Ariella an den Händen und ist ganz gespannt, was jetzt geschehen wird.
Plötzlich spürt er, wie sie nach unten gezogen werden. Er drückt die Hand von Ariella etwas fester, um zu spüren, dass alles in Ordnung ist.
„Wir sind angekommen“, sagt sein Körperengel ruhig. „Wir sind in deinem linken Bein.“ Philippe öffnet wieder seine inneren Augen und sieht sich um. Er kann nicht viel erkennen und er fühlt sich auch nicht gerade wohl hier. Er ist nicht gerne hier.
„Du magst deine Beine nicht besonders oder?“, fragt ihn sein Engel.
„Nein, ich mag sie nicht. Sie sind so langsam. Ich falle oft um und bin so tollpatschig und außerdem tun sie oft weh“, meint Philippe etwas trotzig.
„Sieh dich einmal um. Wie sieht es hier aus?“, reden sie ihm mutig zu. Er kann sehen, dass es dunkel und irgendwie unheimlich ist. „Nimm deinen Zauberstab, damit es heller wird“, sagt Ariella.
Seinen Stab hat er fast vergessen. Er schwenkt ihn wieder in der Luft herum und es regnet wieder einen wunderschönen Regenbogen. Sofort wird es

ihm etwas wärmer im Herzen. Und es wird auch deutlich heller um sie herum. Schon fühlt er sich wohler. Er beginnt sich genauer umzusehen. „Die dunklen Stellen hier sind die, die krank sind“, meint Ariella.
„Die hellen sind die gesunden Stellen in deinem Bein.“ Philippe staunt, denn er dachte immer, dass alles an seinen Beinen krank sei. Er sieht kranke Bereiche gleich neben den gesunden Stellen in seinem Bein. Die gesunden strahlen unterschiedlich hell. Sie scheinen irgendwie lebendig zu sein. „Willst du einmal in eine helle Stelle reisen, Philippe? Sie dir von innen ansehen? Man nennt sie Körperzellen. Du hast unendlich viele davon in deinem Körper.“
Er ist neugierig, was es alles zu entdecken gibt und nickt freudig. „Dann suche dir eine Zelle aus!“, lächelt sein Engel. „Und geh auf sie zu und sieh sie dir genauer an.“ Eine helle Zelle zieht ihn magisch an und er geht auf sie zu. Sie ist durchsichtig. „Fühle wie sie sich anfühlt!“, fordert sein Engel ihn auf. Vorsichtig nimmt er seine Hand und berührt seine Zelle. Sie ist weich und elastisch. Philippe ist erstaunt. „Komm!“, flüstert sein Engel. „Lass uns hineingehen in deine Zelle!“ Kaum ausgesprochen, sind beide in ihr. „Sie dich um!“, wird er

aufgefordert. Philippe sieht sich erstaunt um. Auch im Inneren der Zelle ist es hell, aber nicht überall. In der Mitte seiner Zelle sieht er etwas, das ihm lebendig erscheint. So hell und golden sieht es dort aus. Magisch wird er davon angezogen und er beginnt auf die Mitte der Zelle zuzugehen. Was er darin fühlt, kann er nicht in Worte fassen.
Zu keinem Weihnachtsfest oder Geburtstag hat er sich je so gefühlt. Als er genauer hinsieht bemerkt er, dass diese goldene Farbe in seiner Zelle, kleine lebendige Funken waren. Sie scheinen wie lebendig zu sein, so leicht und sie sind überall. Sie umtanzen ihn. „Sie heißen dich willkommen!“, lacht sein Engel.
Philippe hat beinahe auf ihn vergessen und er strahlt ihn mit offenen Augen an. „Was sind diese Goldfunken?“, fragt er. „Was machen sie?“ „Du bestehst aus ihnen, alles besteht aus diesen Funken. Das gesamte Universum besteht aus ihnen.“ Philippe staunt und ist fasziniert und verwirrt zugleich. Er kann nicht glauben, dass so etwas Wunderschönes in ihm ist. In seinem Körper, den er so ablehnt. „Sind in jedem Körper diese Funken?“, fragt er. „Ja, in jedem. Egal wie er aussieht, ob er krank oder gesund ist, groß oder klein. In jedem Lebewesen sind diese Goldfunken.

Wie fühlst du dich hier?“, fragt ihn sein Engel. „Ich weiß nicht genau“, flüstert Philippe. „Es ist so schön hier, ich habe nie gedacht, dass in meinem Körper so etwas Schönes ist, in meinen Beinen.“
„Vielleicht kannst du sie ja ab jetzt etwas mehr liebhaben“, flüstert sein Engel. „Ja, vielleicht kann ich das“, flüstert er zurück. Eine dicke Träne läuft dabei über sein Gesicht. Er ist traurig, weiß aber nicht warum.
„Komm lass uns wieder hier herausgehen!“, fordert sein Körperengel ihn auf. Kaum ausgesprochen, sind sie wieder in der Zelle vor dem Kern. „Siehst du die dunkeln Bereiche hier?“, fragt der Engel. „Ja, die sind mir vorhin schon aufgefallen, warum sind sie so dunkel?“
„Ich werde es dir erklären“, lächelt der Engel. „Die dunkeln Stellen in deinen Zellen sind all die Dinge, die du erlebt hast. Alle Situationen, in denen du Schmerzen hattest, unglücklich warst, oder du über dich selbst schlecht gedacht hast. Nicht auf mich gehört hast, sondern den anderen geglaubt hast, dass du dumm und tollpatschig seist. Jeder einzelne Augenblick ist in deinen Zellen gespeichert, Philippe.“ Er kann kaum begreifen, was er gerade hört, so unglaublich kommt es ihm vor. Sein Engel erklärt weiter: „Nicht nur dein

Gehirn kann sich Dinge merken musst du wissen, auch dein Körper speichert alles und merkt sich alles. Er vergisst nie etwas." „Und er speichert alles in seinen Zellen?", fragt Philippe weiterhin total erstaunt. „Ja genau, du bist echt ein sehr kluger Junge!", lächelt sein Körperengel. „Kann ich etwas dagegen tun?", fragt Philippe. „Gut, dass du fragst. Ich wollte es dir gerade erzählen, dass du etwas verändern kannst in deinen Zellen. Damit sie immer mehr leuchten und die Goldfunken immer lebendiger werden in dir. Willst du wissen, wie das geht?", fragt ihn sein Engel. „Magst du all die dunklen Stellen loslassen?" Ja, das will ich unbedingt wissen!", jauchzt Philippe begeistert, denn er will die dunkeln Stellen nicht mehr. Die Goldfunken sind so wunderschön und lebendig, er will so viele wie möglich davon in seine Beinen hinein bekommen.

„Nimm deinen Zauberstab, halte ihn hoch und schwenke ihn in der Luft. Damit kannst du die dunklen Stellen in dir heilen", sagt sein Engel. Er hebt den Zauberstab, schwenkt ihn und es regnet wieder den Regenbogen. Aber nichts passiert. „Ich kann das nicht!", sagt Philippe frustriert. „Ich kann nichts verändern!", seufzt er mit Tränen in den Augen. Sofort fühlt er wieder den Knoten in seinem Hals. Da spürt er, wie sein Engel ihn an die andere Hand nimmt und er hört Ariella flüstern: „Glaub an dich Philippe, du musst daran glauben. Denk an all die Blumen auf deiner Wiese, denk an das Gefühl, wenn du rennst. Du kannst das, mein Junge. Los! Versuch es nochmal!“, ermuntert sie ihn liebevoll.

Philippe atmet tief durch und schließt für einen Augenblick seine Augen. Sofort fühlt er sich ruhiger. Das Gefühl, dass jemand an ihn glaubt, macht ihn stark. „Du kannst nichts falsch machen!“, sagt sein Engel aufmunternd.

Er schwenkt noch einmal seinen Zauberstab und als er seine Augen öffnet, sieht er wieder den Regenbogen. Er ist noch bunter und heller als er vorhin schon war.

Und mit großen Augen sieht er, wie es um ihn herum heller wird. „Sieh zu, beobachte was sich verändert“, flüstert Ariella. Die dunkeln Stellen in dieser Zelle werden immer heller. Er schwenkt seinen Zauberstab solange weiter, bis alles Dunkle hell wird. Philippe dreht sich im Kreis und jauchzt vor Freude, wie schön es jetzt ist. So unglaublich schön. „Gefällt sie dir jetzt?“, fragt ihn sein Engel. „Oh ja! Sie ist wunderschön!“, lacht er. „Schaue in ihren Kern“, sagt sein Engel. „Schaue, was sich dort verändert hat.“ Als Philippe genauer hinsieht, bemerkt er, dass die Goldfunken mehr geworden und noch lebendiger sind als vorhin. Nun ist er restlos begeistert. „Du kannst sehr stolz auf dich sein, Philippe. Das hast du geschafft!“, hört er Ariella sagen.

„Ein Geheimnis möchte ich dir heute noch verraten“, sagt der Körperengel. „Deine Zelle hier kann mit allen anderen Zellen in deinem Körper sprechen. Sie sind alle miteinander verbunden. Und sie hat es bereits weitererzählt, was du hier gerade geschafft hast. Komm mit. Wir gehen wieder aus der Zelle heraus, dann wirst du es sehen.“

Schwups, waren sie wieder vor der Zelle. „Schau dich um“, sagt Ariella. „Was siehst du?“ Jetzt sieht er, dass die Zellen um sie herum, alle ein wenig heller geworden sind. Sie sind nicht mehr so dunkel und bei einigen erkennt er sogar die Goldfunken tanzen. Manche sind jedoch noch ganz dunkel. „Was ist mit denen?“, fragt Philippe. „Die brauchen länger, um wieder heller zu werden“, erklärt ihm sein Engel. „Da dürfen wir noch ein paar Mal herkommen.“

Ariella meint, es sei für heute genug und sie sollten wieder auf seine Wiese reisen. Sie nehmen

ihn wieder beide an der Hand und automatisch werden sie wieder auf seine Wiese gezogen. „Die Blumen sind noch strahlender als vorhin“, findet der Junge. „Ja, das stimmt“, sagt Ariella. Wie immer weiß sie, was er denkt. „Alles in dir beginnt heller zu werden.“
„Jetzt lass uns wieder auf deine Terrasse zurück gehen, es ist an der Zeit!“
Kaum ausgesprochen, erscheint schon die Treppe vor ihnen. Er legt seinen Zauberstab wieder auf die unterste Stufe und steigt die Treppe hoch.
Oben angekommen, nimmt er einen tiefen Atemzug und öffnet seine Augen.
Ariella lächelt ihn glücklich an. „Na, wie fühlst du dich?“
„Etwas anders und leichter“, meint Philippe. „Und alles ist warm in mir.“
„Ja, das sind die helleren Zellen und deine Goldfunken“, sagt sie.
Seine Mama ruft ihn ins Haus zum Essen.“ Sehen wir uns morgen wieder? Kommst du wieder und wir gehen in meine Zellen?“, fragt Philippe erwartungsvoll.
„Aber natürlich!“, lacht Ariella. „Es gibt noch so viel zu entdecken. Das war erst der Anfang, aber jetzt gehe ins Haus zu deiner Mama!“

Er steht langsam auf, aber er denkt nicht daran, dass er -wie sonst öfter- dabei hinfallen könnte. Es geht diesmal viel leichter. Sind seine Beine stärker geworden? Er grübelt mit sich auf dem Weg ins Haus. Im Augenwinkel sieht er goldene Funken tanzen und er muss lachen.
„Was ist denn so lustig?“, fragt ihn seine Mama.
„Die Goldfunken, Mama, siehst du sie auch? Sie sind wunderschön.“
Sie schüttelt ihren Kopf und meint, er solle sich beeilen, denn das Essen werde sonst kalt.
Philippe sieht sie lächelnd an und bemerkt, dass auch sie lächelt. Das letzte Mal, als er sie lächeln sah, ist schon wieder so lange her. „Ob das auch die Goldfunken machen?“, überlegt Philippe?
Darüber und über alles, was er heute mit Ariella und seinem Körperengel erlebt hat, denkt er noch im Bett nach und schläft dabei lächelnd ein.

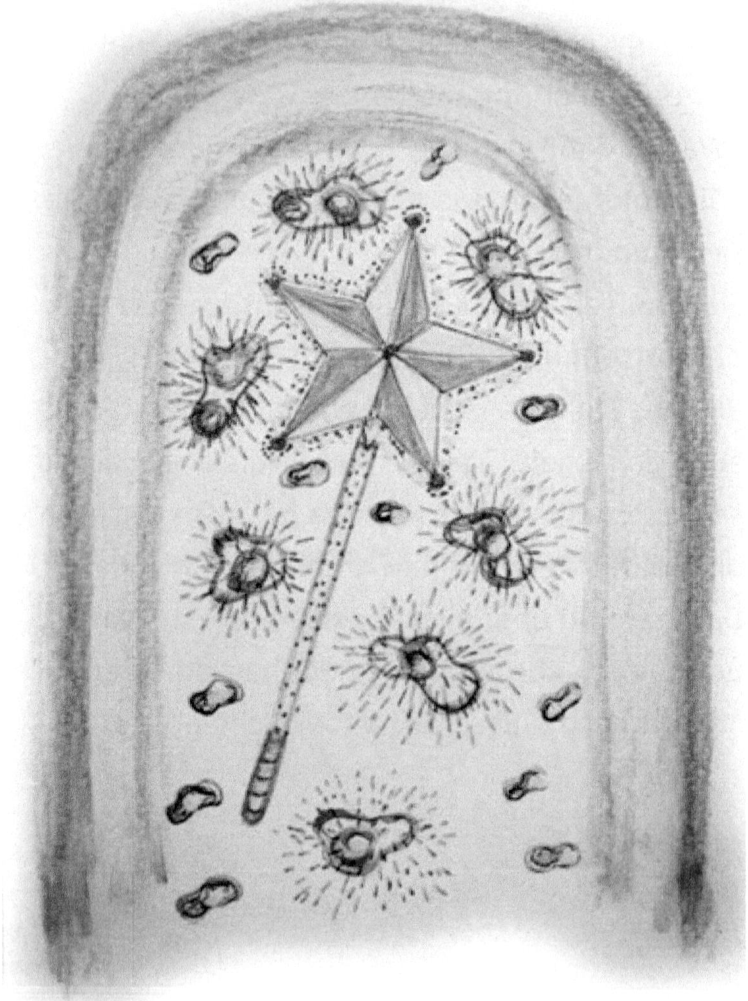

Philippe reist in sein Herz

Die Tage danach besuchen die beiden Philippes Körperzellen. Sie reisen gemeinsam mit seinem Körperengel noch ein paar Mal in seine Beine, aber sie besuchen auch seine Organe. Jedes war auf seine Art und Weise wunderbar und so faszinierend. So sehr, dass Philippe sich nicht vorstellen konnte, dass es noch etwas Spannenderes gibt in seinem Leben.
Jedes Mal lernt er mehr über sich und wie sein Körper und alle Organe zusammenspielen. „Wie ein Orchester!“, erklärt ihm Ariella. „Deine Organe sind jedes für sich ein Instrument, und wenn es ihnen gut geht, spielen sie eine zauberhafte magische Melodie.“
Besonders die Reise in sein Herz begeistert ihn. Schon als er vor seinem Herzen ankommt, spürt er, dass er nervöser ist als sonst. Er spürt, dass diese Reise in sein Herz besonders wichtig ist. Sein Körperengel erklärt ihm, dass in seinem Herzen alles was mit Liebe zu tun hat, gespeichert ist. „Wenn du dich selber magst und dein Herz für dich offen ist, dann wirst du es im Herzen sehen. Aber auch deine Liebe zu den Menschen, zum Universum und zur Erde ist hier gespeichert. Hier

erweckst du das Zauberland in den Menschen. Hier werden sie sanft und mild. Ist ihr Herz offen, strahlen ihre Augen und sie sind gut zu allen anderen und zu sich selbst“, erklärt ihm sein Körperengel.
Er fordert ihn auf, sein Herz von außen zu berühren. Es ist warm und weich und er spürt wie stark es schlägt. Er wundert sich, dass es so stark schlägt, obwohl er sonst so schwach ist. Sein ganzer Körper ist ja um vieles schwächer als bei anderen Kindern. Wieder weiß Ariella, was er denkt: “Siehst du Philippe, die Kraft deines Herzens und deines Zauberlandes haben nichts mit der Kraft deiner Beine zu tun“, flüstert sie ihm zu. Er versteht nicht ganz, was sie damit meint.
„Wollen wir in dein Herz gehen?“, fragt sie ihn. Er zögert etwas, aber dann ist er mutig und sagt: “Ja!“. Und schwupps, sind sie in seinem Herzen. „Sieh dich um Philippe!“, sagt sein Körperengel. Er ist in sein Herz mitgekommen. Auch hier sieht er einige wenige dunkle Stellen, die meisten sind aber strahlend hell. Es blendet ihn fast, so hell strahlt es hier. „Komm lass uns in eine Herz-Zelle gehen“, fordern die beiden ihn auf. Magisch, wie schon die Tage davor, wird er von einer Zelle angezogen. Sie fühlt sich warm und weich an. „Wie

fühlst du dich?“, fragt ihn Ariella. „Es ist schön hier, ich fühle mich gut. Es ist schön warm hier in meinem Herzen. Und es ist größer als ich gedacht habe“, antwortet Philippe.
„Komm, wir gehen in deine Zelle“, lächelt Ariella. Was er dort sieht übertrifft wieder einmal alles, was er bisher erlebt hat. Um den Zellkern seiner Herz-Zelle ist es dunkel, aber das ist es nicht, was ihn so begeistert. Der Kern der Zelle zieht ihn magisch an. Er ist wie aus purem Gold, etwas Strahlenderes und Helleres hat er noch nie gesehen.
Als er näher kommt sieht er, dass der Kern wieder aus unzähligen Goldfunken besteht. Sie sind so lebendig, so fröhlich, dass Philippe vor Freude lachen muss. “ Geh in die Goldfunken“, fordert sein Körperengel ihn auf. Und er geht, er taucht in sie ein. Es ist ihm, wie wenn er hochgehoben wird, so lebendig sind diese Funken. Und sie sind überall, um ihn herum und sie gehen auch ganz einfach in seinen Körper hinein. Sie teilen sich dabei immer mehr, bis er das Gefühl hat, dass er nur mehr aus Goldfunken besteht. „Hörst du, was sie dir zu sagen haben?“, fragt ihn Ariella. Er hört eine leise Melodie, sie ist ganz sanft und weich. Er fühlt sich so eingehüllt von der Musik, so leicht

und so lebendig. „Mit den Goldfunken bist du mit allem verbunden was ist, alles besteht aus diesen Goldfunken“, lacht sein Körperengel.
„Siehst du, wie lebendig und stark dein Herz ist? Wie wunderschön es ist? Und wenn alles aus diesen kleinen Sonnen besteht, ist es doch nicht wichtig, wie stark deine Beine sind, oder?“ spricht sein Engel weiter.
Ihm bleibt der Mund offen, denn wie ein Blitz fahren diese Worte in sein Herz. In seinem ganzen Körper spürt er es wie ein Erdbeben. „Es ist egal, es ist egal, Ariella es ist egal, dass meine Beine schwach sind. Mein Herz schlägt so stark und es fühlt sich weich an. Die Goldfunken sind so wunderschön, ich bin so lebendig und frei mit ihnen!“. Er lacht und weint zugleich, so sehr trifft ihn diese Erkenntnis. Und er ist so unendlich glücklich und fühlt sich ruhig. Alles in ihm ist friedlich. „So wie du jetzt fühlst, mein Junge, ist die Verbindung zu allem was ist. Das bist du, warst du immer und wirst du immer sein. So lebendig, stark und frei“, flüstert sein Engel ihm zu.
„Aber jetzt lass uns noch etwas zaubern“, meint Ariella lächelnd. „Löse dich langsam aus den Goldfunken und komme wieder in die Zelle“, fordert sie ihn auf. Ungern folgt er ihrer

Aufforderung, zu schön ist es in diesen kleinen Sonnen.
Er fühlt noch immer diese Leichtigkeit als er neben Ariella und seinem Körperengel ankommt. Er nimmt auch wieder eine Dunkelheit wahr in der Zelle, etwas Schweres.
„Auch hier hast du alles gespeichert, alle Kränkungen und bösen Worte und auch deine Gedanken über dich selbst," erklären sie ihm. "Die Liebe deiner Mutter ist hier gespeichert, die Liebe zu den Blumen und den Menschen um dich, die Liebe an sich, deine Liebe zu dir und für alles um dich herum. Der Raum in deinem Herzen ist sehr wichtig. Hier liegt das Zauberland verborgen, hier ist das Tor dafür. Dieses Tor ist bei so vielen Menschen geschlossen und das, mein Schatz, ist deine Aufgabe hier auf der Erde - den Menschen zu helfen, dieses Tor wieder zu öffnen, damit auch ihr Herz wieder so funkelt und glitzert. Denn du musst wissen, als Baby ist jeder Mensch so. Erst mit der Zeit schließen sich die Türen und sie vergessen ihr Zauberland in ihren Herzen", sagt Ariella zu ihm.
„Darum nennst du mich Zauberland-Erinnerer?", fragt Philippe. „Ja, denn das bist du und das ist eine sehr bedeutsame Aufgabe", sagt sie mit

stolzer Stimme.
„Aber jetzt lass uns diese Schwere wegzaubern, oder? Magst du das machen und in Zukunft darauf achten, was du über dich denkst? Damit es hier nicht so schnell wieder dunkel wird?“, fragt ihn Ariella. Philippe möchte es versuchen, unbedingt. Er schwenkt ganz selbstverständlich seinen Zauberstab und es regnet die schönsten Regenbogenfarben. Inmitten der Farben sieht er heute auch die Goldfunken. Schnell wird alles heller und freier.
Als sie aus der Zelle wieder in sein Herz gehen, hat die Zelle schon begonnen, an alle anderen alles weiterzugeben. „Sie erinnert die anderen Zellen wieder daran, wie sie einmal waren“, erzählt ihm sein Körperengel. Wie ein Lauffeuer werden die Zellen in seinem Herzen hell und strahlen um die Wette. „All das hast du gemacht, Philippe. Und jeder Mensch kann das, er muss sich nur daran erinnern.“
Und weil du so besonders bist in deinen und den Augen deiner Mitmenschen, so „anders“ als die anderen Kinder, hast du die Fähigkeit mitbekommen, dein Tor in dein Zauberland offen zu halten. Du kannst dich erinnern und hast es nicht vergessen. Es gibt viele so wie du, viele

Zauberland-Erinnerer. Und alle haben den Körper dazu, den sie brauchen, um ihre Aufgabe hier zu erfüllen. Jeder ist genau richtig, so wie er ist," erklärt Ariella weiter.
„Wie erkenne ich die anderen?", fragt sie Philippe.
Ariella lächelt und meint: „Das wirst du ganz einfach erkennen, du wirst es fühlen, das Gefühl haben, dass du sie schon ewig kennst. Ihre Augen strahlen und sie leuchten von innen."
Er bestaunt noch einmal sein Herz, spürt die Goldfunken in ihm und um sich herum. Tränen laufen über sein Gesicht.
„Es ist egal", flüstert er leise, „es ist egal".

Alles ist Liebe

An einem anderen Tag sitzen Ariella und Philippe wieder auf der Terrasse. Die Sonne scheint ihnen ins Gesicht. Ariella hat heute ein weißes Kleid an. In der Sonne glitzert es in allen Farben. Philippe liebt dieses Glitzern so sehr.
„Du hast jetzt schon viel gelernt, über deine Beine, Organe und den Goldfunken“, sagt Ariella. Du verstehst jetzt, wie alles zusammenhängt und wie wichtig deine Aufgabe hier ist.“ Philippe wartet, aber sie schweigt wieder.
„Liebst du dich selbst, Philippe?“, fragt sie ihn plötzlich. Er hebt seinen Blick vom Kleid hoch und sieht ihr ins Gesicht. Sie lächelt ihn sanft an. „Ich liebe Mama, aber mich, ich weiß nicht. Ist das wichtig?“, fragt er sie. „Ja“, meint sie etwas ernster. „Das ist sehr wichtig, mein Junge, nein, es ist das Wichtigste überhaupt.“ „ Warum ist das so wichtig?“, fragt er erstaunt.
„Ich will es dir erklären“, meint Ariella lächelnd. „Jeder von uns möchte geliebt werden, stimmst du mir zu?“ Philippe nickt. „Wenn man sich selbst nicht liebt, ist es so, wie wenn wir leer sind. Wir fühlen uns nicht, sind von uns selbst abgeschnitten und von unserem Zauberland getrennt.“ „Wie das

die Erwachsenen so oft sind?", fragt er sie. „Ja!", nickt sie. „Wie so viele Menschen, und die Goldfunken in uns können wir daher nicht fühlen und wahrnehmen.
Aber die Sehnsucht nach Liebe in uns ist sehr groß, musst du wissen. Denn alle Menschen werden damit geboren. Als Baby bist du reine Selbstliebe. Denn wir sind Liebe, immer. So fühlen wir uns und sind verbunden mit uns, mit allem, wenn wir geboren werden. Kein Baby macht sich darüber Gedanken. Es ist einfach nur ein Baby. Aber mit der Zeit verblasst dieses Wissen in uns. Das Wissen, dass wir Liebe sind und uns selbst lieben dürfen. Denn sind wir Liebe, geht es gar nicht anders. Verstehst du das?" fragt sie ihn.
„Aber warum vergessen wir, dass wir Liebe sind? Das ist doch total doof", meint Philippe. Ariella lacht: „Ja, das stimmt - total doof".
Sie erklärt ihm weiter: „Wenn wir größer werden, wird uns erzählt, dass vieles an uns nicht richtig ist. Dass wir zu laut, zu klein und vieles mehr sind".
„Ja, das kenne ich", flüstert Philippe leise. „Mein Papa sagte immer solche Sachen. Dass ich kein richtiger Junge bin und dumm bin. Und die Kinder in der Schule lachen mich oft aus, weil ich Dinge nicht so kann, wie die anderen Kinder es tun".

„Was macht das mit dir, wenn das jemand zu dir sagt?“, fragt ihn Ariella sanft. „Es macht mich traurig, ich habe dann immer geweint. Der Kloß im Hals kam“, flüstert Philippe leise. „War es dann hell in dir oder dunkel?“, fragt sie weiter.
„Dunkel“, flüstert er. „Mit jedem Mal wird es dunkler“, sagt er. „Und es tut weh im Herzen – sehr weh.“
„Ja, ich weiß“, sagt sie und legt ihre Hand auf seine. „Und weil man diesen Schmerz, den man da spürt nicht ständig aushalten kann, fängt man an den Teil, der das fühlt, von sich wegzusperren. Damit es nicht mehr so weh tut, verstehst du das?“, erklärt sie ihm. „Als Schutz, damit man nicht ganz zerbricht daran, sperrt man diesen Teil von sich weg“, ergänzt sich noch.
„Wo sperrt man ihn hin? ich kann mir das nicht vorstellen.“ Philippe sieht sie fragend an. „Stell dir deine Wiese und deinen Körper vor. Irgendwo in deinem Körper hast du auch die ganze Erinnerung, dass du Liebe und wertvoll bist. Du hast es eingesperrt und immer mehr vergessen“, sagt Ariella und schaut dabei hoch zur Sonne. „Und in den Zellen, da ist es dann dunkel um den Goldfunkenkern?“, fragt Philippe. Langsam beginnt er zu verstehen, was Ariella ihm erklären

will.
Ariella spricht weiter: „Stell dir eine Blume vor, von der die Blüte nicht mehr erblühen kann. Was geschieht mit ihr, was meinst du?" „Sie sieht die Sonne nicht mehr", sagt Philippe. „Und glaubst du, dass sie gut wachsen kann ohne Sonne?", fragt sie ihn und sieht ihm dabei ins Gesicht. „Nein, mit Sicherheit nicht", meint er. „Und jetzt stell dir vor, dass die Sonne die Liebe ist und die Blüte eingesperrt ist. Sie wird die Blüte nicht erreichen, sie wird immer seltener erblühen, sich nicht trauen zu erblühen. Und mit der Zeit wird sie es vergessen. Sie wird die Erinnerung an die Sonne und auch an die Liebe vergessen", spricht Ariella weiter.
„Aber dann ist es immer dunkel in der Blume", sagt Philippe traurig.
„Die Blume wird sich an die Dunkelheit gewöhnen", erklärt Ariella. „Sie wird weiter wachsen. Langsamer, vielleicht wird sie kleiner bleiben als andere. Aber sie wird sich daran gewöhnen", seufzt Ariella leise.
„Aber tief in ihr, in ihrem Samen, der sie einmal war, ist die Erinnerung noch immer da. Denn auch die Blume war einmal nur Liebe, musst du wissen. Diese Erinnerung wird immer da sein, bis die

Blume eines Tages sterben wird. Und wer weiß, vielleicht kommt vorher ein kleiner Junge vorbei und hilft der Blume, sich wieder zu erinnern und zeigt ihr wieder, dass die Sonne wunderschön und hell ist“, lacht Ariella und kitzelt Philippe leicht an seinem Bauch.
Beide seufzen und blicken in die Sonne.
„Total doof ist das“, sagt Philippe. „Ja, das ist es mein Junge, total doof.“

Wer braucht die Sonne am meisten?

„Was kann man tun, damit man sich wieder selbst mag?“, fragt Philippe Ariella nach einiger Zeit. „Ist es überhaupt möglich, die Selbstliebe zu vergessen?“, grübelt er weiter. Der Gedanke, dass so viele Menschen traurig sind und ihre Gefühle wegsperren, macht ihn sehr nachdenklich. „Ich möchte nicht, dass die Menschen einen Teil von sich abtrennen und in sich leer sind“, flüstert er.
„Du bist hier auf dieser Erde, um den Menschen zu helfen und sie so gut es geht wieder daran zu erinnern, dass sie die Liebe in sich tragen“, sagt Ariella zu ihm. „Ist das diese wichtige Aufgabe, von der du mir erzählt hast? Dass ich ein Zauberland-Erinnerer bin?“, fragt Philippe sie mit großen Augen.
„Ja, das ist deine Aufgabe hier und du machst es wunderbar“, lobt ihn Ariella. „Du erinnerst sie an ihr eigenes Zauberland.“ „Wie mache ich das denn? Ich bin doch so anders als andere Kinder“, sagt er etwas traurig. „Obwohl ich jetzt weiß, dass es egal ist, dass meine Beine schwach sind. Trotzdem ist es meist schwer so anders zu sein“, seufzt er. „Und genau, weil du anders bist, bist du am besten geeignet für diese Aufgabe. Lass es

mich noch einmal erklären“, meint Ariella. „Weißt du, jeder Mensch hier hat seine eigene Aufgabe und bekommt genau den Körper und die Fähigkeiten, die er braucht“. „Jeder Mensch? Auch die, die anderen weh tun?“, fragt Philippe erstaunt.
„Ja, auch die!“, erklärt ihm Ariella. „Aber du musst eines wissen: Die Menschen, die anderen weh tun, sind die Menschen, die am leersten in sich sind. Die Menschen haben die Liebe ganz weggesperrt“.
„Das ist aber traurig!“, sagt er. Und nach einem Moment, in dem er nachdenkt, meint er: „Eigentlich würden diese Menschen ja am meisten die Sonne brauchen? Am meisten erinnert werden, dass sie ja Liebe sind, oder?“
„Ja, das stimmt“, sagt Ariella. „Diese Menschen würden es am meisten brauchen.“ „Alles doof“, seufzt Philippe wieder.“
„Ja“, meint Ariella. „Das stimmt. Aber jetzt ist genug mit Traurigkeit, mein Junge!“, lächelt sie ihn an. „Hast du Lust mit mir zu den Sternen zu reisen und ein wichtiges Geschenk zu bekommen?“ Er strahlt sie an und ruft: „Zu den Sternen?“ „Ja, du hast richtig gehört, du wirst dort jemanden sehr Wichtigen kennenlernen und ein Geschenk von ihm erhalten.“ Ariella muss lachen, weil sich

Philippe so sehr freut. „Bist du bereit dazu?“, fragt sie ihn in einem wichtigen Ton. Er spürt, dass es wichtig und besonders ist, und ist aufgeregt und sehr gespannt, wer das ist, den er heute kennenlernen soll.

Philippe trifft seinen geistigen Lehrer

„Dann schließe deine Augen Philippe“, sagt Ariella zu ihm. „Wir gehen wieder auf deine Wiese, von dort werde ich dich zu den Sternen bringen.“
Philippe schließt seine Augen und bemüht sich nicht zu zappeln, so aufgeregt ist er schon. Es fällt ihm schon sehr leicht, Ariellas Stimme zu folgen und auf die Wiese zu kommen. Dort angekommen, nimmt er seinen Zauberstab von der letzten Stufe und läuft erst einmal ein Stück - schnell wie der Wind rennt er.
Ariella liebt es so sehr, ihm dabei zuzusehen, sie weint dann immer vor Freude und ihre Tränen glitzern dabei in allen Farben.
Nach einiger Zeit bleibt er neben ihr stehen und sie umarmt ihn. „Weißt du eigentlich, wie sehr ich dich lieb habe mein Junge?“, flüstert Ariella. Er kann nicht antworten. Sie drückt ihn so fest, dass er kaum Luft bekommt. Als sie ihn loslässt strahlt er sie an. „Komm wir wollen los!“ Sie fährt ihm mit der Hand durch seine schwarzen dichten Haare. „Wir wollen zu den Sternen, dort wartet jemand auf dich.“
„Setze dich dazu in die Wiese“, fordert sie ihn auf. „Schließe deine Augen und mache es dir bequem.

Ich bin da und du kannst nichts falsch machen, ok?“ Er nickt und sie spricht weiter: „Atme jetzt ganz tief ein und aus, Philippe. Entspanne dich und dann atme ganz normal weiter. Du folgst ganz einfach meiner Stimme, ja?“ Er nickt wieder und entspannt sich.
Ariella leitet ihn weiter an: „Stell dir nun vor, dass du in einer gläsernen Kugel sitzt. Und sie kann etwas ganz Magisches, sie kann nämlich fliegen. Ganz automatisch fängt sie an zu schweben und sie steigt immer höher mit uns. Kannst du dir das vorstellen?“, fragt sie ihn.
„Ja, ich merke, wie wir höher steigen“, sagt Philippe erstaunt. „Lass uns noch höher steigen, immer höher, immer weiter nach oben fliegen wir. Die Erde liegt schon hinter uns, wir kommen in das All und steigen immer höher und höher. Vorbei an den Sternen und Kometen, immer weiter nach oben kommen wir, bis wir auf einer ganz bestimmten Ebene ankommen, auf der wir mit unserer Kugel landen. „Spürst du den Boden unter dir? Die gläserne Kugel löst sich langsam auf und nun kannst du deine Augen aufmachen“, sagt Ariella.
Zuerst sieht er gar nichts, so hell und strahlend ist es hier. Langsam gewöhnt er sich an das gleißende

Licht. „Wo sind wir hier?“, fragt er erstaunt. Er steht auf einem gläsernen Boden und der Ort hier ist groß. Soweit seine Augen reichen, kann er nur den gläsernen Boden und helles Licht sehen. Manchmal glitzert es wie in Regenbogenfunken. „Gefällt es dir hier?“, fragt Ariella ihn lachend. „Auf dieser Ebene wirst du heute deinen geistigen Lehrer kennenlernen“.
„Meinen geistigen Lehrer?“ wiederholt er staunend. „Wer ist das?“, fragt er sie. „Dein Lehrer begleitet dich schon immer, weißt du, du bist schon oft als Mensch geboren worden und dein Lehrer war immer an deiner Seite. Er begleitet dich und ist für dich da, wenn du Fragen ans Leben hast. Er leitet dich sozusagen durch dein Leben. Aber er nimmt dir niemals etwas ab, denn du hast immer deinen freien Willen, jeder Mensch hat ihn“, erklärt ihm Ariella mit ernsten Worten.
„Warum habe ich ihn noch nie sprechen hören?“, fragt Philippe.
„Wenn er doch immer da ist? Ich hätte schon so oft seine Hilfe gebraucht“. „Er spricht eine besondere Sprache“, sagt sie weiter. „Und man muss schon gut zuhören können, um ihn zu hören. Denn er spricht die Seelensprache. Er spricht über dein Herz und deine Seele mit dir. Erst wenn

jemand wirklich bereit ist zuzuhören, kann er ihn hören.“ „Hat jeder Mensch einen geistigen Lehrer?“, fragt Philippe sie noch immer erstaunt. „Ja, jeder Mensch und er hat noch ganz viele andere geistige Helfer. Aber heute wirst du erst mal ihn kennen lernen“, lächelt Ariella.
„Bist du bereit dazu?“, fragt sie ihn. Ja, das ist er, er ist auch gar nicht aufgeregt, fällt ihm auf. „Dann bitte ihn zu kommen“, sagt Ariella. „Lade ihn ein.“ Er schließt kurz seine Augen und bittet, dass sein Lehrer kommen soll. Als er seine Augen wieder öffnet sieht er, dass eine helle Gestalt auf ihn zu kommt. Sie schwebt über dem gläsernen Boden auf ihn zu. Er lächelt Philippe an und als er vor ihm steht sagt er zu ihm: „Ich habe lange auf dich gewartet, aber jetzt bist du ja da. Ich war immer an deiner Seite, jetzt kannst du mich wahrnehmen und mich hören. Das ist schön, Philippe“. Philippe ist grenzenlos begeistert - das ist also sein geistiger Lehrer, der immer schon da war und ihn begleitet hat.
„Ariella hat dir ja schon erklärt, wie ich mit dir spreche. Lass es mich dir zeigen, ok?“, spricht sein Lehrer weiter. „Wenn du dich zum Beispiel einsam fühlst, dann erinnere dich an mich. Und ich werde dich umarmen und halten. Ich will es dir zeigen. Es

wird sich wie eine innerliche Umarmung anfühlen, wie in der Herzzelle, weißt du noch, die Goldfunken? Du hast dich dort so friedlich gefühlt, oder? Ich war auch dort mit dir, ich bin immer bei dir." Er geht auf Philippe zu und nimmt ihn in den Arm. Sofort fühlt er sich wohl, ruhig und wohlig warm. „Ich werde dich nicht hindern, Fehler zu machen oder Blödsinn anzustellen", sagt sein Lehrer und lacht. „Was ist, wenn mich die anderen Kinder ärgern und ich wütend bin, hilfst du mir dann?", fragt ihn Philippe.

„Vergiss nie, ich bin immer da, und wenn du bereit bist deinen Zorn loszulassen, kannst du meine Antwort immer hören. Das braucht etwas Übung am Anfang, aber sei dir sicher, ich bin immer da. Wenn du wütend bist, kannst du mich nicht hören, dann spricht dein Kopf mit dir. Mit mir kannst du über deine Seele, dein Gefühl und dein Herz sprechen. Aber keine Sorge, das lernst du ganz einfach. Du hast ja Ariella, sie hilft dir dabei. Ich erkläre dir auch alles, wenn du Fragen hast über das Leben oder wie alles funktioniert und zusammenhängt", erklärt ihm sein Lehrer mit sanfter Stimme.

Philippe strahlt ihn an: „Ich kann dich alles fragen?"

„Ja, alles, alles was du schon immer wissen wolltest über das Leben“, lacht sein Lehrer und freut sich über die Neugierde von Philippe.
„Dann habe ich gleich eine Frage!“, sagt Philippe.
„Was ist die Seele?“ „Ach, der junge Herr hat gleich eine große Frage“, lacht sein geistiger Lehrer. Sein Lachen klingt wie sanfte Musik.
„Na, dann lass es mich dir zeigen, was die Seele ist“, sagt sein Lehrer und lächelt ihn an.

Was ist die Seele?

„Komm, lasst uns alle gemeinsam hinsetzen!“, fordert sein Lehrer die beiden auf.
„Du musst, um die Seele begreifen zu können, einige Dinge verstehen. Zuerst einmal erkläre ich dir den Unterschied zwischen der Seele und deinem Körper“, spricht sein Lehrer weiter.
Philippe kuschelt sich in Ariellas Arme und hört ihm gespannt zu.
„Damit du auf der Erde leben kannst, brauchst du deinen Körper und deine Seele. Hier auf den hohen Ebenen bist du auf der Seelenebene. Hier kannst du nur mit deiner Seele reisen. Damit du das auch wahrnehmen und fühlen kannst, hat sie ein Bewusstsein.“ „Was ist das?“, fragt ihn Philippe neugierig. “Alles was du erlebst, deine Gefühle, dein Denken, ein Umarmen, deine Schmerzen kannst du nur mit einem Bewusstsein erleben. Nur damit kannst du fühlen und etwas lernen. Ohne das Bewusstsein könntest du nicht existieren - könnte nichts existieren.
Deine Seele hat ihr Bewusstsein und damit bist du jetzt hier. Damit kannst du Ariella oder mich wahrnehmen. Dein Körperengel ist das Bewusstsein deines Körpers. Auch er begleitet dich

schon von Anfang an, durch all deine Leben, die du gelebt hast. Aber er hat sich immer verändert, er war in jedem deiner Leben immer genau so, wie du ihn dafür gebraucht hast.“ Philippe staunt und sagt: „Dann war mein Körper einmal richtig stark?“ „Ja“, erwidert sein Lehrer. „Weil du in diesem anderen Leben diesen starken Körper gebraucht hast.

Dein Körper verändert sich, so wie du ihn brauchst für deine Aufgaben in dem jetzigen Leben, aber die Seele verändert sich nie. Die meisten Menschen denken aber, dass sie nur ihr Körper sind, dabei sind sie das nicht. Denn wenn du eines Tages sterben wirst mein Junge, wird dein Körper sterben, da er ohne die Seele, die ihn bewohnt, nicht leben kann. So wie die Seele ohne dein Körperbewusstsein nicht auf der Erde leben kann. Sie sind sehr eng miteinander verbunden, aber viele Menschen haben das vergessen“, erklärt ihm sein geistiger Lehrer.

„Aber wo geht meine Seele denn hin, wenn ich nicht mehr auf der Erde lebe?“, fragt Philippe seinen Lehrer. “Du stellst sehr kluge Fragen“, lacht sein Lehrer und wieder klingt es wie sanfte Musik. „Deine Seele verschmilzt wieder mit den seelischen Ebenen.“ Ich will es dir erklären: „Alles was existiert ist viel mehr als die Erde, alle Planeten, die der Mensch schon kennt und all die, die er noch nicht entdeckt hat“. Philippe unterbricht ihn: „Was, es gibt noch mehr Planeten?“ Sein Lehrer lacht und sagt: „Der Mensch hat nicht einmal einen Bruchteil von allem entdeckt.

Aber lass mich weiter erklären. „Stell dir einen riesigen See vor. Dieser See ist das Universum. Alles was ist, was existiert hat und noch existieren wird, ist dieser See. Und alles, was ist, ist ein Teil davon. Und alles ist gleich wichtig, denn ohne auch nur das kleinste Teilchen kann es den See nicht geben. Es ist wie auf der Erde, der Mensch kann ohne Natur nicht leben, jedes Tier hat seine Wichtigkeit, ist entweder Nahrung für ein anderes Tier oder hat sonst seine Aufgabe, für die es geboren wurde. Die Blume kann ohne Erde, Wasser und Sonne nicht leben, fehlt ein Teil, wird sie sterben. Oder stell dir ein großes Puzzle vor, fehlt ein Teil und sei er noch so klein, es wird nie ein ganzes Puzzle sein.

Alle Teile sind gleich wichtig, damit es ganz sein kann. Und so ist auch im Universum alles gleich wichtig was ist. Jede Seele ist gleich wichtig und ist ein Teil von diesem See.“ Sein Lehrer schweigt für einen kurzen Augenblick und erzählt weiter. „Stell es dir so vor: Wenn du dich entscheidest auf die Erde zu gehen, dann wirst du ein Regentropfen. Dieser Regentropfen ist deine Seele, die, wie du schon weißt, ein Bewusstsein hat, um auf der Erde leben zu können. Aber da alles in diesem See ist, bist du trotz deines Menschseins auch in diesem See."

Philippe schaut wohl ratlos aus, denn sein Lehrer macht eine Handbewegung und plötzlich sieht Philippe alles um sich herum. Er sieht alle Planeten so weit sein Auge reichen kann. Er erkennt die Sonne und die Sterne und einen kleinen blauen Planeten. „Das ist die Erde", erklärt ihm sein Lehrer.

„Ich möchte dir zeigen, dass alles, soweit dein Auge reichen kann und noch unendlich weiter, das Universum ist, eben dieser See. Alles schwimmt sozusagen in dem See. Kannst du das verstehen?"

„Ich glaube schon", sagt Philippe.

„Gut", meint sein Lehrer. „Wenn du also stirbst auf der Erde, geht deine Seele in diesen See zurück. Sie war ja auch immer darin, eben nur für die Zeit deines Lebens auf der Erde mit deinem Bewusstsein, sie kann nirgendwo anders hin. Und aus diesem Grund ist sie auch immer da, und sie

war immer da.
Deine Seele kann niemals sterben, nur dein Körper tut das auf der Erde. Für deine Seele ist es nur ein Wechsel zurück in den See."
„Was macht sie danach, also wenn der Körper gestorben ist?", möchte Philippe noch wissen.
„Ach, da gibt es viele Möglichkeiten", antwortet sein Lehrer.
„Zuerst wird sie sich einmal ausruhen von dem anstrengenden Leben auf der Erde", ergänzt er noch. „Ich weiß schon was ich danach mache", sagt Philippe ernst. „Was denn?", fragen ihn Ariella und sein Lehrer gleichzeitig. „Ich möchte mich hier ausruhen mit euch beiden und alles anschauen. Denn mein Leben ist echt anstrengend. „Geht das?", schaut er beide fragend an. Ariella hält ihn noch etwas fester in ihren Armen und eine glitzernde Träne tropft aus ihren Augen. „Natürlich geht das, alles was du dir wünscht", flüstert sie.
Sein Lehrer sagt zu ihm: „Aber ich verspreche dir ‚mein Junge, dein Leben wird nicht immer so anstrengend sein." „Bestimmt nicht? Versprichst du mir das?", fragt ihn Philippe und schaut ihn mit großen Augen an. „Ja, ich verspreche es dir", meint sein Lehrer. „Gut," nickt Philippe." „Denn

ich kann noch nicht hierbleiben, ich muss erst Mama ihr Zauberland wieder zeigen. Ich wünsche es mir so sehr, dass sie auch so glücklich ist wie ich es hier bin."

Am nächsten Tag im Sportunterricht

Am nächsten Tag in der Schule haben sie wieder Sportunterricht. Philippe hasst diese Stunde. Sein Hals zieht sich schon beim Aufstehen am Morgen zu, wenn er nur daran denkt.
Die anderen Kinder lachen ihn dann aus, da er nicht so gut ist im Laufen oder Springen. Weil seine Beine so schwach und dünn sind, kann er nicht mithalten mit den anderen. Obwohl viele Kinder in seiner Klasse auch Schwierigkeiten haben mit dem Lernen, sind sie aber körperlich viel stärker als er. Der Lehrer schimpft meistens mit ihnen, wenn er sie erwischt, wie sie Philippe auslachen. Sie werden dann auf die Seite geschickt und dürfen nicht mehr mitmachen. Dann haben sie begonnen ihn so zu ärgern, dass der Lehrer es nicht mitbekommt. In der Umkleidekabine lässt er sich immer sehr viel Zeit, die anderen laufen schon ihre Runden im Turnsaal bis er fertig ist. Der Lehrer lächelt ihn an und sagt: „Komm Philippe, beweg dich einfach so gut wie du kannst, ja?"
Er beginnt langsam zu laufen, denkt dabei an seine Wiese, an sein Zauberland und die Goldfunken in seinen Beinen, wie sie tanzen und seine Zellen heilen und an seinen geistigen Lehrer, der ihm so

viel erzählt und erklärt. Philippe hat noch so viele Fragen an ihn.
Ein Junge, der Schnellste in der Klasse, läuft ganz langsam an ihm vorbei. Philippe hat ihn gar nicht bemerkt, so sehr war er in Gedanken. Auch fühlt er jetzt erst, dass er sehr aus der Puste ist und eher geht als läuft.
„Na, du lahme Ente“, flüstert der Junge ihm zu. „Mit deinen Zahnstocher-Beinen kannst du nicht einmal richtig laufen, du bist eine lahme Schnecke“. Er streckt die Zunge hinaus, sodass der Lehrer es nicht sehen kann und läuft schnell weiter. Philippe bleibt stehen und muss erst einmal verschnaufen. Seine Beine zittern, er hat sich sehr überanstrengt und der Junge hat ihn wieder einmal verspottet.
In ihm steigen Tränen und Wut hoch. Aber diesmal ist etwas anders als sonst. Sein Knoten im Hals ist nicht da. Er ist wütend, aber nicht so wie früher. „Hmm, seltsam“, denkt Philippe.
Plötzlich muss er an alles denken, was ihm sein Körperengel und Ariella beigebracht haben. Dass es nur sein Körper ist, und er in diesem Leben genau so richtig ist, wie er ist. Er geht zu seinem Lehrer und sagt ihm, dass er eine Pause braucht. Dieser sieht ihn erstaunt an, denn bisher musste er

ihn immer erst auffordern, sich hinzusetzen. Er weiß genau, wie gemein die anderen Kinder sind, und dass Philippe mit ihnen mithalten möchte.
„Ist gut Junge, setz dich hin, mach eine Pause“, sagt der Lehrer zu ihm.
Philippe lässt sich auf die Bank fallen und schließt seine Augen. Langsam beruhigt sich auch sein Atem.
Er spürt Ariella neben sich, die ihn anlächelt.
„Vergiss nie, du bist genauso richtig wie du bist und du hast den perfekten Körper für dieses Leben. Und die anderen Kinder haben auch ihren perfekten Körper.
Denk daran, was dein Körperengel dir beigebracht hat, dass du auf dich achten musst. Dass nur du es kannst, und wie schön deine Zellen funkeln. Denk daran Philippe“, hört er sie flüstern. Er nimmt in Gedanken seinen Zauberstab in die Hand und macht eine große Handbewegung. Er sieht, dass die bunten Regenbogenfarben auf ihn herunter rieseln in seine Beine und in sein Herz. Er muss lächeln, sie kitzeln ihn in der Nase.
„Ich freue mich sehr für dich Philippe, du hast heute etwas sehr Wichtiges erkannt. Du kannst für dich selbst sorgen und es ist nicht schlimm, langsamer zu sein als andere. Dein Körper gehört

nur dir und daher bist nur du für ihn verantwortlich."

Es ist nicht Ariella, die das zu ihm sagt, sein geistiger Lehrer ist bei ihm. „Siehst du, dass du mich jetzt wahrnehmen kannst. Ich bin bei dir und ich war es immer. Du hast dich heute für dich entschieden und nicht für die Wut. Du kannst diesen Jungen nicht verändern, aber du kannst dich verändern. Du kannst für dich sorgen und dich entscheiden, ob du wütend bist oder du einfach auf deinen Körperengel hörst", flüstert er weiter.

Philippe spürt, wie sein Lehrer ihn von hinten umarmt, es ist ein so schönes, sicheres Gefühl. „Ich bin da, ich bin immer da, mein Junge", flüstert er ihm noch einmal ins Ohr.

Als die Stunde vorüber ist, kommt der schnelle Junge, der ihn immer ärgert wieder auf ihn zu. Der Lehrer räumt gerade die Matten weg und deshalb bekommt er es nicht mit. „Na, du lahme Ente", äfft er ihn an und schneidet eine Grimasse dabei. „Du kannst ja nicht einmal richtig laufen so wie die anderen", spottet er weiter.

Philippe muss plötzlich lachen und sagt laut zu dem Jungen: „Ja, ich weiß und weißt du was? Es ist nicht wichtig in diesem Leben". Er lacht und lacht

und überall sieht er Regenbogenfunken um sich herum. Er dreht sich um und geht sich umziehen. Und so sieht er nicht, wie dieser große, schnelle Junge, der ihn immer ärgert, mit offenem Mund stehen bleibt und nicht weiß, was da gerade geschehen ist. Den ganzen restlichen Schultag beobachtet er Philippe und grübelt und grübelt, was denn heute los mit ihm ist. Ihn zu ärgern macht doch nur Spaß, wenn Philippe sich auch darüber ärgert und weint. Aber wenn er lacht über ihn, macht das doch keinen Spaß. Er versteht die Welt nicht mehr.
„Wenn das so ist, muss ich mir wohl jemand anderen suchen, den ich ärgern kann“, beschließt der große, schnelle Junge.

Mama ist stolz

Am Abend bringt Philippes Mama ihn wieder ins Bett.

„Na, wie war die Schule, du hattest doch heute Sport?“ Sie sieht ihren Sohn mit besorgten Blicken fragend an. Sie weiß nur zu gut, dass er geärgert wird, weil er so schwach ist und mit den anderen Kindern im Sport nicht mithalten kann. Ihr Herz wird jedes Mal schwer wie Blei, wenn sie daran denkt. Sie kann ihn nicht immer beschützen vor der großen, oft gemeinen Welt da draußen.

Philippe legt seine kleine Hand an ihr Gesicht. Er merkt, dass seine Mutter traurig ist. Er weiß auch, dass sie ihn beschützen möchte, aber in der Schule ist sie ja nicht da.

„Es war ok Mama, wir hatten wieder Laufen. Ich lief ein wenig und dann machte ich eine Pause bis es meinen Füßen wieder besser ging“, erzählt er ihr.

„Und der große, schnelle Junge hat er dich wieder geärgert?“, fragt sie ihn zögernd. „Ja, hat er, aber ich habe ihn ausgelacht und ihm gesagt, dass es nicht wichtig für mich ist, in diesem Leben schnell laufen zu können. Und weißt du was Mama, er hat mich den ganzen Tag in Ruhe gelassen.“ Er lacht

dabei und seine Augen strahlen vor Stolz.
„Du hast was zu ihm gesagt?“ Mama ist absolut sprachlos.
„Ja, ich weiß jetzt Mama, dass es gar nichts ausmacht, dass meine Beine schwach sind. Ich muss nicht so schnell laufen können wie andere. Sie sind ganz ok, so wie sie sind“, sagt er lächelnd zu seiner Mama.
Seine Mama sieht ihn einfach nur sprachlos an. Sie ist sich sicher, dass sie in seinen Augen diese blauen Funken sieht und in seinen Haaren glitzert etwas Goldenes. Wieder spürt sie dieses leichte Gefühl, diese Funken zu kennen, aber so sehr sie sich auch anstrengt, sie erinnert sich nicht.
Sie nimmt ihr Kind in den Arm und flüstert: „Ich bin so stolz auf dich“. Eine Träne kullert ihr über das Gesicht. Jetzt ist Philippe sprachlos, denn er kann sich nicht erinnern, dass Mama das einmal zu ihm gesagt hat. Aber egal, denkt er sich und lässt sich in ihre Arme fallen. Auch er weint und sein Herz ist ganz warm.
Wieder hört er das leise Flüstern seines Lehrers: „Ich bin da, ich bin immer da.“
Als Mama das Zimmer verlässt, dreht sie sich noch einmal um und sieht Philippe an. Er hat sich so sehr verändert in letzter Zeit. Er ist ruhiger und

strahlt einen Frieden aus, der sie sprachlos macht. Wieder sieht sie einen goldenen Funken um ihn herumtanzen.“ Woher kenne ich das bloß?“, grübelt sie wieder einmal. „Bald Mama, bald wirst du dich erinnern“, denkt Philippe und schläft glücklich ein.

Nichts ist endgültig

Die nächsten Tage bringt Ariella Philippe immer wieder in die höheren Ebenen zu seinem geistigen Lehrer. Meist sitzen sie beisammen und Philippe beobachtet fasziniert die Sterne und Planeten. Er lässt sich immer wieder die Seele und seinen Körperengel erklären und was mit seiner Seele geschieht wenn er stirbt. Dass sie nie verloren geht, und auf der Erde wie ein Regentropfen ist, um dann wieder überzugehen in den großen unendlichen See, das alles macht ihn immer wieder sprachlos. Sein geistiger Lehrer erklärt es ihm immer wieder mit einem Lächeln in seinem Gesicht.
Irgendwie beruhigt es ihn, dass seine Seele nicht einfach verschwindet.
Eines Tages sagt sein geistiger Lehrer zu ihm, „Philippe, heute habe ich ein Geschenk für dich“. Philippe freut sich und strahlt ihn an. „Was ist es denn?“, fragt er neugierig.
„Lass es mich vorher erklären“, sagt sein Lehrer lächelnd. „Als du zur Welt gekommen bist, warst du einfach ein glückliches Baby. Du warst dir deiner schwachen Beine noch nicht bewusst und auch nicht, dass du dir Dinge nicht so leicht

merken kannst. Du hast geschrien, wenn du Hunger hattest und hast gelacht, wenn du glücklich warst. Du warst in deiner Selbstliebe, warst dir deines Zauberlandes vollkommen bewusst. Erst als du größer wurdest, hast du bemerkt, dass die Menschen anders auf dich reagieren. Sie sagen dir, dass du zu schwach bist um zu laufen“, erklärt ihm sein Lehrer. „Ja, mein Papa sagte das immer und auch, dass ich dumm sei“, sagt Philippe traurig. „Warum hat er mich nicht so lieb wie ich bin, ich bin doch ein richtiger Junge“, fragt er seinen Lehrer.

„Weißt du, fährt sein Lehrer fort, dein Papa hat das getan und gesagt, was ihm als Kind von seinem Vater und den Menschen um ihn herum selbst gesagt und beigebracht wurde.“ „Mama hat einmal erzählt, dass mein Opa meinen Papa schlecht behandelt hat als Kind. Hat er deshalb zu mir diese Dinge gesagt und ist er deshalb weggegangen?“ Philippe schaut seinen Lehrer mit großen Augen an.

„Jeder Mensch kann, wenn er es möchte, sich entscheiden, dass er sich ändert. Dein Papa konnte sich nicht ändern und deshalb hat er dich genauso behandelt, wie schon sein Vater ihn behandelt hat“, erklärt er ihm.

„ So wie es dein Weg und deine Aufgabe ist, den Menschen ihr Zauberland wieder in Erinnerung zu rufen, hatte dein Papa die Aufgabe, dich als Sohn zu bekommen und sich dann zu entscheiden, ob er etwas verändert oder es so zu machen, wie er es gelernt hat. Und da jeder selbst entscheiden kann, hat er für sich entschieden, nichts zu ändern. Aber wer weiß, was noch kommt in deinem Leben. Nichts, absolut nichts, ist endgültig mein Junge“, sagt sein Lehrer und lächelt ihn an.
„Aber lass mich weiter erklären, worum es heute geht. Als dein Papa und die anderen um dich, all die Dinge zu dir gesagt haben, hast du deine Gefühle eingesperrt, weißt du noch? Ariella hat es dir schon einmal erklärt.“ „Ja, ich erinnere mich“, sagt Philippe. „Ich habe sie in meinem Zauberland eingeschlossen.“
„Bevor Ariella zu dir kam, hattest du diese Teile von dir eingesperrt. Damit es dir nicht mehr so weh tut. Besonders schwer sind die Verletzungen im Herzen zu ertragen, da tut es am meisten weh. Und daher verschließen die meisten Menschen ihr Herz. Aber das Problem an dem Ganzen ist, dass sie ihr Herz nicht nur vor den schlimmen Worten der anderen verschließen, damit diese nicht so weh tun, sondern sie verschließen ihr Herz auch

vor sich selbst“, erklärt sein Lehrer weiter.
„Das versteh ich nicht“, sagt Philippe.
Sein Lehrer schaut ihn liebevoll an und spricht weiter: „Stell es dir so vor: Beim ersten schlimmen Wort, bei dem du traurig bist, entsteht eine ganz dünne Schutzschicht um dein Herz. Diese Schicht möchte dich schützen, ist aber am Anfang sehr dünn, sodass noch immer deine Freude für das Leben und die Liebe der anderen in dein Herz können.
Dann aber kommen immer mehr verletzende Worte oder Situationen dazu, die dir sehr weh tun. Und mit jedem Mal wird die Schicht um dein Herz dicker, sodass mit der Zeit nichts mehr hinein aber auch nichts mehr hinaus kann.
Und da dein Herz so dicht mit Schutzschichten eingepackt ist, können all die schlimmen Worte, die man dir gesagt hat, dein Herz nicht mehr verlassen. Sie bleiben in deinem Herzen eingesperrt. Und da sie eben nicht hinaus können, beginnst du zu glauben, dass all die Dinge, die man über dich sagt, auch stimmen. Sie sind in dir gespeichert und wenn Erwachsene das sagen, dann glaubst du das als Kind natürlich.“
„Warum ist es denn wichtig, dass die schlimmen Dinge, die ich gespeichert habe, hinausgehen?“,

fragt Philippe nachdenklich.
„Wenn dein Herz voll damit ist und dick eingepackt ist in Schutzschichten, kann keine Liebe mehr hinein und du kannst sie auch nicht fühlen. Denn es ist kein Platz in deinem Herzen, da alles voll ist mit deinen Verletzungen. Und die sind mit der Zeit richtig groß und schwer geworden. Und da dein Herz so voll und unter den Schutzschichten verborgen ist, kann sich auch nichts ändern. Du kannst dich nicht ändern und du kannst dich auch nicht selbst lieb haben. Denn in diesem eingesperrten Herzen ist kein Platz für Liebe, weder für die der anderen, noch für die für dich selbst." Sein Lehrer blickt ihn an, um zu sehen, ob Philippe es verstanden hat.
Philippe denkt nach und seufzt: „Dann hat Papa eine sehr dicke Schutzschicht um sein Herz." „Ja", sagte sein Lehrer. „Aber vergiss nie, nichts muss endgültig sein."
„Was kann ich denn da tun, damit all die schlimmen Sätze aus meinem Herzen herausgehen?", fragt Philippe neugierig. Er möchte all die schlimmen Sätze nicht mehr in seinem Herzen haben.
„Du hast schon sehr viel verändert in dir mit Hilfe von Ariella und deinem Engel. Aber damit alles aus

deinem Herzen hinaus kann musst du es öffnen, die Schutzschichten auflösen und die schweren, schlimmen Wörter frei lassen. Dann erst kannst du wirklich etwas verändern. Dann kann wieder Liebe in dein Herz und dann kannst du dich wieder selbst lieben", erklärt sein Lehrer und sagt noch: „Und dabei möchte ich dir heute helfen und dafür bekommst du heute etwas von mir zurück."
„Was ist es denn?" Philippe ist sehr neugierig.
„Es ist dein Herzdiamant, dein wunderschöner Diamant, der in dein Herz gehört. Vor langer Zeit, als du begonnen hast dein Herz zu verschließen, hast du ihn mir gegeben und ich habe ihn für dich aufbewahrt. Heute ist der Tag, an dem du ihn zurückbekommst." Sein Lehrer muss wieder lachen, weil Philippe so neugierig ist.
Philippe staunt. „Einen Diamanten für sein Herz? Wie der wohl aussieht?"

Philippe bekommt seinen Herzdiamanten

Erst jetzt bemerkt Philippe, dass sein Lehrer etwas in seinen Händen hält. „Das ist dein Herzdiamant", sagt er lächelnd zu ihm und legt ihn sanft in seine Hände. „Ab heute gehört er wieder dir und ich freue mich sehr für dich. In dem Diamanten sind alle Erinnerungen an die Liebe gespeichert. Die Liebe für die Menschen und für dich selbst. Er wird dir helfen, dein Herz wieder ganz zu öffnen und alles aus deinem Herzen hinauszubringen, was du nicht mehr brauchst", sagt sein Lehrer zu ihm.
Philippe staunt, freut sich und überlegt, wie er das jetzt wohl machen soll. Wieder weiß Ariella was er denkt und sagt lächelnd: „Keine Sorge, ich helfe dir deinen Diamanten wieder zu dir zu bringen, in deinen Körper. Bist du bereit?"
Aufgeregt nickt Philippe. Sein Lehrer lächelt ihn an und sagt: „Vergiss nie, ich bin bei dir."
„Du musst deinen Diamanten gut festhalten, Philippe", flüstert Ariella. „Wir werden jetzt langsam wieder zurückgehen in deinen Körper, ok?" Philippe nimmt wahr, wie sie wieder beginnen nach unten zu sinken. Ganz vorsichtig hält er dabei den Diamanten in seinen Händen.
Wie schön, wie unglaublich schön er doch ist,

denkt er überglücklich. Ariella bringt ihn, wieder in seinem Körper angekommen, in sein Herz.
„Sieh dich um, Philippe, was siehst du hier in deinem Herzraum?“, fragt sie ihn. „Er ist etwas dunkel“, stellt er fest, und ich fühle mich nicht ganz so wohl.“
Ariella sagt: „Dein Herz ist nicht so sehr verschlossen wie das der anderen Menschen. Das liegt daran, dass du so besonders bist. Du könntest dein Herz nie ganz verschließen, denn du hast auch dein Zauberland nie ganz vergessen. Das ist eine wunderbare Gabe, sein Herz nicht zu verschließen. Dennoch ist es verletzt und all die Worte, die du gehört und die du über dich selbst gedacht hast, haben dein Herz schwer werden lassen. Und das wollen wir jetzt wieder loslassen und deinen Diamanten wieder an seinen Platz geben“, erklärt sie ihm.
Sie fordert ihn auf, seinen Diamanten in sein Herz zu geben, ganz vorsichtig legte er ihn in sein Herz und staunt über das was dann geschieht.
Der Diamant beginnt sich langsam zu drehen! Er glitzert dabei und strahlt in allen Farben.
„Du musst fühlen“, flüstert Ariella. „Was fühlst du dabei, wenn er sich zu drehen beginnt?“ „Alles wird warm in mir, mein Brustkorb wird warm.“

Philippe kann kaum sprechen, so erstaunt ist er. „Dein Diamant reinigt jetzt alles, was du nicht mehr brauchst. Wollen wir ihn dabei unterstützen?“, fragt ihn Ariella. „Ja, sehr gerne!“, jubelt Philippe.
„Dann lass uns wieder zaubern“, lacht Ariella. Sie macht eine weite Handbewegung und wieder rieselt ein Regenbogen auf die beiden nieder. Philippe macht auch eine Handbewegung. Seinen Zauberstab hat er heute nicht dabei, aber es geht auch ohne, staunt er. Die Regenbogenfarben und Funken gehen in seinen Herzraum und tragen alles hinaus, was er nicht mehr braucht. All die alten Verletzungen und die Tränen, die er deswegen geweint hat. Alles nehmen die Farben mit. Sein Diamant beginnt sich etwas schneller zu drehen und wird auch größer.
Wie wunderschön er ist. Noch nie hat Philippe so etwas Schönes gesehen. Tränen fließen ihm über seine Wangen, er fühlt sich so groß und stark. „Ja, mach dich nur groß“, flüstert Ariella. „Dein Diamant braucht Platz“. Er fühlt, wie sein Brustkorb weit wird und er selbst immer größer und größer wird. So groß, dass er das Gefühl hat, die ganze Erde hat Platz in ihm. Er fühlt sich einfach großartig.

„Dein Diamant bleibt in dir, aber du musst sorgsam sein mit ihm. Du musst gut auf ihn aufpassen und ihn gut behüten. Er ist sehr wertvoll. Auch mit deinen Gedanken und was du über dich selbst denkst, musst du achtsam sein. Willst du mir das versprechen, Philippe?“, fragt ihn Ariella lächelnd.
Unter Tränen und mit strahlenden Augen nickt Philippe, er ist überwältigt von seinen Gefühlen. Nie mehr wieder möchte er diesen Diamanten hergeben. Er wird darauf achten, ihn behüten als seinen größten und wertvollsten Schatz. Und das tolle daran ist, dieser Schatz ist in ihm. In seinem Körper, den er so lange abgelehnt hat. In diesem schwachen Körper ist der größte Schatz.
Philippe ist erfüllt mit einem Gefühl, so etwas hat er noch nie gefühlt.
„Das ist Liebe, Philippe, bedingungslose Liebe“, erklärt ihm Ariella.
„Das bist DU.“

Philippe hat so viele Fragen

Die nächsten Tage verbringen Ariella und Philippe damit, seinen Herzkristall zu beobachten. Oder sie sitzen einfach nur auf seiner Wiese und unterhalten sich.
Philippe hat einen Strom aus nie enden wollenden Fragen an Ariella, die sie geduldig und liebevoll beantwortet.
Er möchte alles wissen, über die Menschen, über die Sterne und über Tiere, Blumen, Bäume und ganz besonders will er immer wieder wissen, wohin die Seele geht, wenn er eines Tages sterben wird. Das fasziniert ihn besonders. Hin und wieder gesellt sich sein geistiger Lehrer zu ihnen und hält ihn in seinen Armen. Philippe fühlt sich dabei so wohl und geborgen.
Seine Mutter beobachtet ihn immer öfter dabei, wie er lächelt. Dann muss auch sie lächeln. Immer wieder sieht sie dann einen goldenen oder blauen Funken aufblitzen. Dann kommt sie wieder ins Grübeln: „Woher kenne ich die bloß?“ Aber es war noch immer wie ein Nebel um die Erinnerung daran. Sie ist sich ganz sicher, dass Philippe die Funken sehen kann, sie möchte ihn aber nicht fragen. „Was ist, wenn er denkt, dass seine Mama

sich das alles nur einbildet?“Abends beim zu Bett gehen fragt er sie jetzt manchmal nach seinem Vater. Je älter er wird, desto mehr beginnt er ihn zu vermissen, obwohl er so ungerecht und oft gemein zu ihm war. Sich von ihm zu trennen, war ihr nicht leichtgefallen, aber sie musste ihren Sohn beschützen. Und auch sie wollte nicht mit einem Mann zusammen sein, der zwar wusste, dass er ganz gleich handelte wie sein Vater ihn damals als Kind behandelt hatte, aber nichts ändern wollte. Sie nimmt Philippe dann immer in den Arm, mehr kann sie nicht für ihn tun.

Philippe denkt dann immer an die Worte, die sein Lehrer zu ihm gesagt hat: „Nichts muss für immer so bleiben.“

Wer weiß, vielleicht sieht er seinen Vater einmal wieder und dann wird er ihn in den Arm nehmen und festhalten. Er wird sehen, wie stark er geworden ist und wie toll er schon seine Suppe essen kann, ohne etwas zu verschütten.

Der Zauberbaum

An einem anderen schönen Tag treffen sich Philippe und Ariella wieder auf der Terrasse. Er ist gut gelaunt, in der Schule wird er jetzt von dem großen Jungen in Ruhe gelassen und Mama ist weicher und liebevoller geworden. Sie lächelt öfter und als er ihr gestern blaue Blumen gebracht hat, hat sie diese in die schönste Vase gestellt und ihn umarmt. Sie hat sich echt gefreut über die Blumen. Und er ist so glücklich wenn Mama glücklich ist.
Ariella trägt heute ein pinkes Kleid, das auch wie ihre anderen Kleider in der Sonne glitzert. Er liebt ihre Kleider und das Funkeln in der Sonne.
Sie sitzen eine Zeitlang einfach nur so da. Plötzlich fragt ihn Ariella: „Glaubst du an Wunder, Philippe?"
„Was ist ein Wunder?" fragt er sie. „Ein Wunder ist, wenn du es dir aus ganzem Herzen wünscht, also ganz tief in dir drin, und du daran glaubst, dass es geschehen wird", erklärt Ariella.
„Eines ist schon geschehen", sagt er. „Mama ist viel liebevoller zu mir und das absolute Wunder ist, dass mich der große Junge in der Schule jetzt in Ruhe lässt."
„Ja, das sind schon sehr große Wunder", lächelt

Ariella. „Komm wir wollen auf deine Wiese, ich möchte dir etwas zeigen“, fordert sie ihn auf.
Als sie dort angekommen sind, nimmt er seinen Zauberstab und sie spazieren gemeinsam zwischen Blumen und Schmetterlingen dahin.
Ariella erzählt ihm von einem ganz bestimmten Baum, der auf seiner Wiese steht. „Der Baum wisse alles über ihn und er kann ihn alles fragen. So wie er seinen geistigen Lehrer und sie alles fragen kann. Aber der Baum hat besondere Fähigkeiten“, erzählt sie weiter.
So wird Philippe immer neugieriger und kann es kaum mehr erwarten, bis er seinen Baum sehen wird.
Auf einem kleinen Hügel sieht er ihn dann. Er ist etwas größer als er und hat einen starken Stamm. Der glänzt in der Sonne als wenn er aus Glas wäre. Als sie näher kommen merkt er, dass es ein Apfelbaum ist. Philippe liebt Äpfel über alles und freut sich sehr, dass sein Baum viele Äpfel trägt.
„Das sind besondere Äpfel“, flüstert Ariella. „Ich erkläre es dir.
Aber zuerst lege deine Hände an deinen Baum und fühle, wie er sich anfühlt.“
Philippe geht zu seinem Baum und legt seine Hände an dessen Stamm. Er schließt die Augen

und sofort spürt er, wie eine Kraft durch seine Hände fließt und wie sie sich in seinem ganzen Körper verteilt. Auch wird er ruhiger und entspannt sich. „Dieser Baum stellt dich dar, so groß und stark bist du schon. Diese Stärke, die du fühlst, sind seine Wurzeln, die tief in die Erde gehen und deinen Baum halten. Und jedes Mal, wenn du gut auf dich achtest und auf deinen Körperengel hörst, wächst dein Baum ein kleines Stück und bekommt ein Blatt dazu.
Wenn du traurig bist oder müde, kannst du zu deinem Baum kommen und deine Hände an ihn legen und dich ausruhen. Er hat alles gespeichert, was du brauchst, damit es dir wieder besser geht“, erzählt ihm Ariella.
Da sieht Philippe, wie im inneren des Stammes kleine Farbglitzer auf und ab flitzen. Sie fließen von unten hinauf in die Blätter seines Baumes. Ariella erklärt weiter:-„Stell dir vor, dass die Wurzel des Baumes dein Leben hier auf der Erde ist und die Blätter sind das Universum. Alles fließt von unten nach oben und von oben nach unten. Hier kannst du immer zurückkommen, wenn du einsam bist oder die Welt nicht verstehst. Dann lehnst du dich an deinen Baum und er wird dafür sorgen, dass es dir wieder besser geht.“

„Das ist ja ein richtiger Zauberbaum“, strahlt Philippe. Ariella lacht. „Ja, das ist er, aber er hat noch eine ganz besondere Eigenschaft.
Sieh nach oben, die Äpfel, die du siehst, sind keine gewöhnlichen Äpfel. Jeder Apfel steht für ein Wunder in deinem Leben. Wenn du einen Apfel pflückst, pflückst du ihn aus dem Universum. Und wenn du dir etwas aus ganzem Herzen wünscht, dann bewirkt der Apfel, wenn du ihn dann isst, dass dein Wunder wahr wird.“
Philippe staunt, er kann kaum glauben, was sie ihm erzählt.
„Ein paar Dinge gibt es zu beachten“, erzählt sie weiter. „Dein Wunsch muss aus deinem Herzen kommen, also aus deinem Herzraum. Und du musst darauf vertrauen, dass das Universum ihn auch erfüllt.“
„Und wenn es nicht eintritt, was ich mir wünsche?“, fragt Philippe traurig.
Ariella wurde etwas ernster, sie sieht in sein Gesicht und sagt sanft: „Glaub mir, dass das Universum dir immer die Wunder bringt, die gut für dich sind. Niemals, hörst du, niemals, würde dir das Universum etwas geben, was du gerade nicht brauchst. Und wenn dein Wunder nicht eintritt, dein Wunsch nicht in Erfüllung geht, dann kannst

du dir sicher sein, dass es entweder nicht das Richtige für dich in diesem Moment ist, oder es kommt etwas viel Besseres nach, als du dir gewünscht hast."
Philippe sieht nachdenklich zu seinen Äpfeln hoch, sie funkeln leicht in der Sonne so wie Ariellas Kleid. "Was ist, wenn ich alle Äpfel gepflückt habe, gibt es für mich dann keine Wunder mehr?", fragt er sie. „Doch", beruhigt ihn Ariella. „Du hast unendlich viele Wunder an deinem Baum. Die reichen für dein ganzes Leben. Denn die Äpfel wachsen immer nach", vertraue darauf. „Sie sind genau so unendlich wie die Sterne." Möchtest du es versuchen?", lacht Ariella. Dabei sieht sie ihn liebevoll an, denn sie weiß, was Philippe sich schon seit längerem so sehr wünscht.
Philippe zögert, aber er vertraut Ariella, dass wenn sein Wunder nicht in Erfüllung gehen wird, es einen guten Grund dafür gibt.
„Welchen Apfel darf ich nehmen?", fragt er Ariella. „Ganz egal, du kannst jeden nehmen, es wird immer der richtige sein. Komm, pflück dir dein Wunder", ermutigt sie ihn.
Er muss sich etwas strecken, um einen Apfel zu erreichen und dabei denkt er an seinen Herzenswunsch. Als der Apfel in seiner Hand liegt,

fühlt er sich warm an. Er beißt kräftig hinein und denkt noch immer an sein Wunder, das er sich so sehr wünscht. Der Apfel schmeckt köstlich und Philippe isst ihn mit Genuss auf.
„Schau nach oben“, sagt Ariella. Er entdeckt, dass an der Stelle, an der sein Apfel hing, bereits ein neuer nachgewachsen ist. „Siehst du, es wächst immer ein Wunder für dich nach“, lächelt sie ihn an.
Sie bleiben noch eine Weile auf der Wiese bevor sie wieder zurückgehen. Philippe hat sich an seinem Baum gelehnt und genießt seine Energie. Er hat dabei das Gefühl für Zeit und Raum verloren, so schön ist es an seinem Baum.
Ariella stupst ihn sanft an und sagt, dass es an der Zeit ist, wieder zurückzugehen.
Am Abend, als er in seinem Bett liegt, denkt er an sein Wunder, das er sich gewünscht hat und an seinen Zauberbaum auf seiner Wiese.
Glücklich und zufrieden, umgeben von goldenen und blauen Glitzerfunken, sieht ihn seine Mama etwas später schlafend und deckt ihn sanft zu.

Wir sind immer da

Die nächsten Tage verbringen Philippe und Ariella auf seiner Wiese. Er hat so eine Freude, dort zu laufen und sich einfach nur an seinen Baum zu setzen, um die glitzernden Äpfel über ihm zu beobachten. All die Wunder, die nur darauf warten, von ihm gepflückt zu werden! Er freut sich sehr darauf und stellt plötzlich fest, dass er gerne auf der Welt ist. Es ist nicht mehr so schwer und anstrengend in seinem Körper zu sein. Ariella lacht laut, sie weiß wieder, was ihm durch seinen Kopf geht. „Hat es dir dein Lehrer auf der hohen Ebene nicht versprochen? Hat er nicht gesagt, dass dein Leben nicht immer schwer sein wird?"
Philippe seufzt voller Glück und lehnt sich an sie. „Und wenn es doch einmal schwer wird, dann bist du, mein Körperengel und mein Lehrer da, oder?", fragt er sie lächelnd.
„Ja, mein Junge," lächelt auch sie ihn liebevoll an. „Wir sind immer da." Ihre Augen leuchten dabei wie ein Regenbogen.
„Dann ist es gut", meint Philippe zufrieden und ist rundum glücklich.

Das Wunder, es wird wahr

Eines Tages, als er von seinem Ausflug mit Ariella zurückkommt, sitzt er mit seiner Mama beim Abendessen. Sie lächelt ihn an als er seine Suppe isst und nichts dabei verschüttet. Für andere Mütter mag das nichts Besonderes sein, aber für sie ist es ein Meilenstein.
Ein großer Fortschritt bei der Entwicklung von Philippe. Denn es zeigt, dass sein Gehirn und seine Hände schon viel besser zusammenarbeiten. Sein Lehrer hat auch schon angerufen und ihr freudig erzählt, dass es ihm in der Schule viel besser geht. Obwohl er immer auf Hilfe angewiesen sein wird in seinem Leben, verspürt sie doch zum ersten Mal so etwas wie Zuversicht. Das nimmt ihr etwas von ihren Sorgen um die Zukunft ihres Kindes.
Er wird sein Leben meistern, aber noch ist sie ja da.
Das Klingeln des Telefons reißt sie aus ihren Gedanken. Sie steht langsam von ihrem Sessel auf, Philippe sieht nicht wie ihre Hände zittern. Sie weiß, wer gerade anruft, und auf dem Weg zum Telefon überlegt sie fieberhaft, ob sie nicht einen großen Fehler macht.
Sie hebt den Hörer ab und sagt nervös: „Hallo.“

Philippe hört seine Mama mit jemanden sprechen, sie klingt etwas nervös. Wer das wohl ist?
„Philippe, da ist jemand, der mit dir sprechen möchte!“, ruft seine Mama. Verwundert steht er auf, normalerweise will nie jemand mit ihm reden, immer nur mit seiner Mama.
Sie gibt ihm den Hörer und jetzt bemerkt er, dass ihre Hände zittern. Er sieht in ihrem Gesicht Angst und Sorge, aber auch ein Lächeln. Er ist verwirrt deswegen. Seine Mama nickt ihm zu und so nimmt er das Telefon zu seinem Ohr und wartet.
„Hallo, Philippe bist du es mein Junge? Wie geht es dir?“, hörte er jemanden sprechen. Jetzt zittern Philippes Hände und fast wäre er vor Schreck umgefallen. Seine Mama hält ihn fest, er merkt, dass sie weint. Sie lächelt ihn unter Tränen an und nickt ihm noch einmal zu. „Es ist in Ordnung, Philippe, du kannst mit ihm sprechen“, flüstert sie ihm zu.
„Papa, Papa bist du das?“ Er kann kaum sprechen, seine Stimme versagt ihm. Ihm ist heiß, sein Herz scheint ihm vor Freude aus der Brust zu springen.
„Ja, mein Sohn ich bin es. Ich wollte mit dir sprechen, um zu sehen, wie es dir geht. Mama hat mir erzählt, wie groß du geworden bist und was für ein toller fröhlicher Junge du bist“, sagt sein

Papa. Philippe hört, dass auch sein Vater am Ende der Leitung weint. So sind sie ein paar Minuten still und weinen beide. Seine Mama hält seine Hand und nickt ihm immer wieder zu.
„Es tut mir leid, Philippe, dass ich dich verlassen habe. Kannst du mir irgendwann verzeihen? Was meinst du, mein Sohn? Ich möchte dich gerne einmal wiedersehen, natürlich nur, wenn du es möchtest und deine Mama es uns erlaubt“, hört er seinen Papa unter Tränen flüstern.
Philippe kann es nicht glauben, dass sein Papa ihn um Verzeihung bittet und ihn wiedersehen möchte.
„Ja, ich möchte dich gerne wieder einmal sehen, ich habe dich vermisst Papa“, schluchzt Philippe überglücklich.
„Das freut mich sehr“, sagt sein Papa. „Dann lass uns morgen wieder telefonieren, hast du Zeit für deinen Papa morgen Abend? Dann kannst du mir von deinem Tag erzählen.“
Philippe sieht seine Mama an, die ihm wieder zunickt. „Ja, Mama erlaubt es mir“, sagt Philippe.
„Und du rufst mich ganz sicher an, Papa, ja?“, fragt Philippe ihn mit zitternder Stimme. „Ich verspreche es dir, mein Sohn. Ich lass dich nicht noch einmal alleine“, verspricht ihm Papa.

„Dann bis morgen mein Sohn, ich freue mich“, sagt sein Papa und legt auf. Philippe starrt den Hörer in seiner Hand an, er kann sich nicht bewegen. Seine Mama nimmt ihn sanft aus seiner Hand. „Es ist ok, Philippe, es ist ok.“ Sie nimmt ihren Sohn in ihre Arme.
Er schluchzt haltlos in ihren Armen und sagt immer wieder: „Mama, Ariella hatte recht. Es gibt Wunder, ich habe es mir gepflückt.“

Im Bett erzählt ihm seine Mama dann, dass sein Papa sie vor drei Tagen angerufen hat. Nach der Trennung ist er in eine andere Stadt gezogen und hat bald gemerkt, dass es ein Fehler war, wie er seinen Sohn behandelt hat. Vor einem Jahr ist sein Papa dann schwer krank geworden und er hatte sehr viel Zeit zum Nachdenken. Er hat sich Hilfe gesucht und damit lernte er zu verstehen, warum er sich gegenüber seinem Sohn so verhalten hat. Und er wollte das ändern.
Sie haben ausgemacht, dass er fürs erste jeden Tag anruft, um sich mit Philippe zu unterhalten, damit beide wieder eine Verbindung zueinander aufbauen können. Und wenn Philippe bereit ist seinen Vater zu sehen, werden sie ein Treffen vereinbaren.
„Ist das so in Ordnung für dich, Philippe?“, fragt ihn seine Mama. Er nickt, denn zu sprechen fällt ihm noch immer schwer.
„Wer ist denn eigentlich Ariella? Du hast von ihr gesprochen“, will Mama von ihm wissen.
Philippe erschrickt ein wenig, wie sollte er all das, was er mit Ariella bis jetzt erlebt hat, seiner Mama erklären?

Er spürt aber, dass Mama bereit ist, ihr Zauberland wieder kennenzulernen.
„Sie hat mir mein Zauberland wieder gezeigt und all die anderen Dinge, die ihr Erwachsenen vergessen habt - die Goldfunken, den Körperengel und meinen geistigen Lehrer. Der hat mir gezeigt, wo die Seele hingeht, wenn wir sterben und Ariella hat mir meinen Zauberbaum gezeigt, und wie ich mit dem Zauberstab alles verändern kann. Denn das ist meine Aufgabe hier, Mama, weißt du, euch Erwachsenen zu helfen, dass ihr euch wieder an euer Zauberland erinnert“, erzählt er etwas nervös.
Seine Mama sieht ihn nur verwundert an.
„Goldfunken?“, flüstert sie und langsam regt sich etwas in ihr - ein Funken Freude, eine zarte Erinnerung.
„Mama, darf ich dir dein Zauberland zeigen? Ich wünsche es mir so sehr für dich!“, fragt Philippe mutig.
Seine Mama kann nur nicken, sie ist wie gefesselt von seinen Worten. Irgendetwas in ihr lässt sie spüren, dass ihr Sohn ihr etwas sehr Wichtiges zeigen möchte.
Sie setzt sich neben ihn ans Bett und er fordert sie auf, ihre Augen zu schließen.

Wie Ariella damals, an dem Tag, an dem er sie kennen gelernt hat, hilft er jetzt seiner Mama ihre Treppe in ihr entstehen zu lassen und schließlich auf der Wiese anzukommen.
Er ist bei ihr, so wie Ariella immer bei ihm ist. Er hält ihre Hand und als sie auf der Wiese ankommen, sagt er ihr, dass sie ihre Augen aufmachen soll. Wie er, ist auch seine Mama am Anfang geblendet von dem Licht auf der Wiese. Philippe nimmt seinen Zauberstab mit und geht mit Mama an der Hand ein Stück auf der Wiese. Sie staunt mit offenen Augen. „Wie schön es hier ist, Philippe, all die Blumen und die Schmetterlinge", sagt sie erstaunt.
Philippe lässt ihre Hand los und beginnt zu rennen. Seine Mama schlägt sich vor Schreck die Hand vor den Mund und kann es nicht glauben. Ihr Sohn läuft so schnell wie der Wind und alles glitzert um ihn in allen Farben. Erst jetzt sieht sie, dass er seinen Zauberstab schwenkt und es wie Regenbogenfunken auf ihn regnet.
Und plötzlich erinnert sie sich, woher sie die Funken kennt.
Als sie ein kleines Mädchen war, hat sie die Funken auch gesehen, aber niemand hatte ihr damals geglaubt. So hat sie aufgehört, sie zu sehen

und sie mit der Zeit einfach vergessen.
„Ich erinnere mich, Philippe“, ruft sie ihm zu,“ ich erinnere mich an mein Zauberland!“
Philippe sieht zu seiner Mama, die lacht und weint zugleich, so wie auch er in der ersten Zeit hier auf der Wiese. Er kann nicht beschreiben, wie unglaublich glücklich er ist. Das ist also seine Aufgabe hier auf der Erde. Menschen so glücklich zu machen. „Ich habe wohl den besten Job hier“, lacht er und läuft auf seine Mama zu. In seinen Augenwinkeln sieht er Ariella und seinen geistigen Lehrer, sie winken beide und auch Ariella weint, denn ihre Wangen glitzern in allen Farben. Er hört sie flüstern. „Gut so, mein Junge, und vergiss nie, wir sind immer da.“
Als er bei seiner Mama ankommt, umarmt er sie ganz fest. Sie hält ihn in ihren Armen und flüstert in seine Haare. „Danke, Philippe, dass du mir hilfst, mich wieder zu erinnern.“
Philippe nimmt sie an der Hand, sieht ihr ins Gesicht und sagt unter Tränen:

„Komm, Mama, lass uns Wunder pflücken.“

„Wenn du dich nur ein Mal mit meinen Augen sehen könntest, wie wunderschön du bist.“

Anke Evertz

Printed in Great Britain
by Amazon

32141555R00076